本书由北京市平谷区人民政府“平谷区基层法律治理问题研究”课题资助

国家治理的逻辑展开

基于北京经验的法社会学视角

主　编·王　旭
副主编·刘子豪　杨　丽　李　群

法律出版社
LAW PRESS·CHINA

编 辑 委 员 会

主　　编：王　旭

副 主 编：刘子豪　杨　丽　李　群

编写人员（按姓氏拼音排序）：

程　胜　杜吾青　李佳栋　李　群

刘子豪　尚　猛　王　旭　吴金晶

薛悟娟　杨　丽　于　洋　赵　杰

目　录

第二编　依法治理与综合治理

第三编　依法治理与源头治理

导论　通过组织法的国家治理

王　旭*

一、国家治理的本质是组织问题

国家是一种组织现象。经过近代市民社会精神洗礼的社会组织不再是一种人与人之间直接的感性关系，而应将组织界定为一种具有目的性、意向性和功能性的人际关系。① 对于现代国家来说，这种“目的性”和“功能性”既意味着国家在实质价值上的中立与工具性，也意味着通过以形式理性和普遍程序为核心的制定法实证主义来完成具体任务，实现特定目标。

现代国家是18世纪以来西欧市民社会的对应物，之前的组织形态（如封建主义的领土国家、基督教普遍秩序下的绝对主义王权国家等）建立在滕尼斯所谓的共同体“本质意志”基础上，法律主要基于特定

---

* 中国人民大学法学院教授、博士研究生导师。

① 参见［日］佐藤庆幸：《官僚制社会学》，朴玉等译，三联书店2009年版，第1页。

(血缘、地缘、信仰)的情感、风俗与实在道德,调整共同体成员之间的关系;[①]相反,市民社会是在"抉择意志"支配下追求独立个体利益的抽象社会,它要求法律开始规制国家本身的组织建构,进而规范作为特定组织的国家的行为。人民要求国家严格以法律为依据,由专门机构与人员按照合理分工的权限与等级,有效调控与配置各种资源,运用各种适于达成目标的理性手段完成任务,国家也就成为"法治国",而组织法定主义正是法治国的前提。现代行政法学开创者奥托·迈耶在《德国行政法》里首先运用实证分析的法学方法,将19世纪的"行政组织"建构为类似法院的具有权利能力的"行政主体",才进一步对其提出"依法律行政"等"法的支配"三原则。[②] 马克思·韦伯把这种"法治国"的组织形态叫作"理性机构的官僚制统治形态",并视其为资本主义国家治理的必要前提。[③] 这样一个在制定法实证主义与工具理性支配下的国家演进历史图景属于德国社会学家滕尼斯概括的"从共同体到社会""从本质意志到抉择意志",法国社会学家涂尔干所谓的"从机械团结到有机团结",乃至更早的英国法制史学家梅因概括的"从身份到契约"的现代性生成过程。

概括这一段欧洲近代国家形态演变的理论轨迹,或许给我们一个启发:国家治理是一个行动的问题、动态的过程,但**"国家如何被组织的"是"国家如何行动的"**之逻辑前提。同样的地域、人民、风土人情,国家按照不同的组织形态予以治理,则会面临完全

---

① 参见[德]费迪南·滕尼斯:《共同体与社会》,张巍卓译,商务印书馆2019年版,第77~79页。

② 参见[德]奥托·迈耶:《德国行政法》,刘飞译,商务印书馆2002年版,第61~62页。

③ 参见[德]马克思·韦伯:《经济与社会》(第二卷),阎克文译,上海人民出版社2010年版,第347页。

不同的问题,出现不同的后果。柳宗元在《封建论》里说,“封建之始,郡国居半,时则有叛国而无叛郡,秦制之得亦以明矣”,正是试图从组织差异角度解释帝国治理出现问题的原因。

因此,只有在特定国家权力的组织活动框架中我们才能理解行动的具体意义,评价其效果,没有超越具体组织形态的国家治理。正是在这个意义上,马克思·韦伯一方面坚持方法论上的个体主义,认为个体的行动及主观意志是我们观察社会秩序形成的最终根据;另一方面又始终根据普遍的正当秩序原则来理解、调控和类型化个体行动,强调个体的主观意志只有通过外在客观的组织结构本身拥有的功能来说明。①

从而,我们可以说,治理问题的本质和前提,是一个组织的问题,而非治理本身。组织作为治理的调控框架而起作用,组织逻辑嵌入并规定行动逻辑,为具体治理行为赋能(如公务员法和公物法对治理的保障)、协调(如组织内部机构的设置,尤其是不同机构之间的职权配置、职务关系等规定),塑造其轨迹和趋势(如组织法上组织目标及运转与流程的规定,尤其是权力、信息等组织要素的运作、传导机制)。只有先考察国家治理的组织形态,明了各种治理主体、要素、手段、过程是如何根据某种组织规则配置、安排与结合,才能进一步考察治理效果,判断其是否完成先定的组织目标甚至优化该目标,并比较不同组织秩序与规则安排下治理的优劣。

当代中国的国家治理也不例外。我们需要解释中国宪法法律文本与波澜壮阔的国家治理实践之间究竟有什么样的理论关联,在中国究竟是宪法和法律上的国家组织体系,尤其是行政组织法塑造和规定了治理实践,还是治理实践所选择的组织形态确

---

① 参见[日]佐藤庆幸:《官僚制社会学》,朴玉等译,三联书店2009年版,第5页。

证或形塑了法律内容？国内与国际上的政治学、社会学、经济学往往选择从经验和事实的维度出发，去反思中国组织法的现实有效性并阐释国家治理的组织原理。例如，有学者从**组织结构**出发，将中国国家治理基本难点概括为“统一体制—有效治理”的矛盾，[①]在中央统一权威与最终垄断治理资源的情况下，如何在一个大规模国家内部实现地方和基层对中央任务的有效承接；有学者从**组织运行**出发，将中国国家治理问题处理为中央与地方之间、国家与社会之间的选择性集权—分权之间的张力，并特别强调国家向社会分权，通过民主意志反制地方官僚体系的重要意义。[②]有学者从**组织任务**出发，提出中国政府治理有效性的关键在于行政发包与地方竞争，中央政府通过将公共管理与服务的任务层层发包，建立起评估、考核、督察、奖惩等指标化体系，将动力与压力双重机制传导到地方，地方内部再通过分包落实到更低层级行政单位来完成统一治理任务。在这个过程中，行政任务的“数字管理”和允许地方完成任务的差异化竞争实际上使中央政府对任务完成的原则性与地方完成任务的创造性得以结合，并在这个创造性竞争的过程中拥有了相对独立的执行权和治理权。[③]

二、国家组织治理的法学视角及价值

上述研究在中国法学界产生了重要影响。从狭义法学，也就是法教义学视角来看，这种基于观察者立场的研究和描述固然极具洞见和解释力，但以规则解释及体系化为核心的法教义学研究依然有不可替代的视角与价值，基于以下三个理论考虑：

---

① 参见周雪光：《权威体制与有效治理：当代中国国家治理的制度逻辑》，载《开放时代》2011年第10期。

② 参见郑永年：《中国模式：经验与困局》，浙江人民出版社2010年版，第309页。

③ 参见周黎安：《行政发包制》，载《社会》2014年第6期。

第一，经验研究能够解释实践背后的逻辑，但什么是“实践”，其本质却是由特定规则决定的，规则对实践具有构成性功能，①不理解规则就无法理解实践及其问题。例如，中央政府将统一的行政管理任务发包给地方，但为什么要理解并表述为一种自上而下、统一分配、不得讨价还价的“发包”行为，而不是平等议价、横向协商的“出让”行为，却是由《宪法》第 89 条“国务院是最高国家行政机关”和《地方各级人大和地方人民政府组织法》第 132 条第 2 款“全国地方各级人民政府都是国务院统一领导下的国家行政机关，都服从国务院”这两条规则所决定的。甚至为什么有“中央”和“地方”的概念与观察视角，什么是“中央”政府，什么是“地方”政府，也是由宪法法律文本所界定。也就是说，研究者对概念的使用与表达，本身就是受法律规范牵引和影响。概言之，规范是实践的“基本玩法”，实践的含义和具体展开只有在作为其先定条件的规则里才能被阐释、被说明。然而，描述性研究只能描述规范，却不能解释、当然也不在意解释规范自身蕴藏的内在理由。解释规范并将之体系化只能是一种法教义学的内在视角，而这种工作之所以重要就在于，只有对实践的根据加以理解和证立，才能对实践本身加以评价。

第二，法律规范自身的逻辑是解释实践背离规范的原因，也是评价这种背离的基本依据。实践当然也可以突破规范，甚至带来法律的变迁，但理论上需要追问，这种突破就一定是可以正当化的吗？这需要反复比较法律的逻辑和实践的逻辑之优劣。

例如，实践中，在基层普遍存在条块矛盾，尤其表现为街道、乡镇与政府工作部门之间的矛盾，所谓“看得见的管不了，管得了的看不见”，街道、乡镇在很多规定共同行政行为的法律里面没有

① See J. Rawls, “Two Concepts of Rules”, *The Philosophical Review*, 64, 1955, p. 4.

执法权,如《行政处罚法》《行政强制法》等,导致不得不求助政府部门。为什么行为法没有配置独立管理权给乡镇?一个很重要的逻辑隐藏在组织法的规范变迁里:1954 年《宪法》对于地方政府没有区分"县级以上"与"乡镇",二者的法律地位统一规定在第 64 条"地方各级人民委员会依照法律规定的权限管理本行政区域的行政工作。地方各级人民委员会执行本级人民代表大会的决议和上级国家行政机关的决议和命令"。然而,现行《宪法》则明确区分了二者,第 107 条规定:"县级以上地方各级人民政府依照法律规定的权限,管理本行政区域内的经济……等行政工作,发布决定和命令,任免、培训、考核和奖惩行政工作人员。乡、民族乡、镇的人民政府执行本级人民代表大会的决议和上级国家行政机关的决定和命令,管理本行政区域内的行政工作。"从文义解释来分析,县以上人民政府主要拥有的是管理权,并对其管理事项进行了详细列举;乡镇人民政府则拥有的首先是执行权,然后才是没有详细列举的管理权。按照"**在先表达事项更重要**"之文义解释法理,现行《宪法》对乡镇人民政府主要是定位于执行上级命令和决议,是上级权力的延伸,并不具有完整独立的管理地位,因此也就不会拥有完整独立的管理权限。但这个逻辑显然在实践中面临挑战,因为大量的公共管理任务实际上是下沉到街乡,乃至社区。

可见,实践不但由规则塑造,而且其背离也往往由规则的逻辑所引起,这需要我们比较究竟哪种逻辑更能被普遍的证立。对此,我们可以援用英美法律实证主义来说明。法律规范和实践的运行规则都是社会规则,社会规则的本质在于它是一种惯习(Convention)。惯习的特点在于遵循它的理由的任意性和被普遍遵循的事实。[①] 由于遵循理由的任意性,因此,我们可以基于同样

---

① See A. Marmor, "On Convention", *Synthese* 107, 1996, p. 363.

的理由遵循另一个规则，从而法律规则和实践中产生的替代性规则都可能分享同一个理由。例如，人们见面有握手的习惯，这个也可以被**"新冠肺炎"**形势下拱手的习惯所取代，因此，实践对规则的背离并不一定是否定了规则，这是因为，社会规则分为表层惯习和深层惯习两个层次，看得见的表层惯习总是对社会更深层次规范性要求的一种回应，这是一种深层惯习（deep convention），它一定与社会的政治—道德价值相联系。[①] 因此，无论是握手，还是拱手，背后都由人类友爱、团结与互相承认这样一种深层关系所决定。由此，实践对法律背离的程度实际上取决于这种背离是否构成对另一种深层惯习的选择，所以我们需要在两种深层惯习之间进行比较和权衡，以判断谁体现的政治—道德价值更能得到辩护或证立。用德国大哲学家赫斯勒的话来说，并非流行的实在道德都是有效的，我们需要区分"社会的有效性"与"理想的有效性"（ideally validity），[②]否则人类就真的只能随着偶然的惯习改变而随波逐流。（**笔者会在近期另一篇讨论宪法的正义论基础的文章中详细展开**）。由此，实践对法律的改变并非说明实践就一定是对的，需要我们分析其背后的深层惯习是否具有能够被普遍化的"理想有效性"。而这种理论工作并非经验研究能够胜任，它需要法教义学体系化的工作对深层惯习体现的政治道德价值加以呈现。

第三，组织在环境中的变迁总是内含合法性期待，这是继续保持组织形态及行为的必然，组织总是对特定规则，从而对规范

① See A. Marmor, "Deep Convention", *Philosophy and Phenomenological Research* 74, 2007, p. 586.

② See V. Hösle, *Morals and Politics*, University of Notre Dame Press 2004, p. 76.

性或合法性的回应与遵循。[1] 因此,无论经验研究揭示出国家治理中何种实际的组织形态及行为,最终需要某种合法性框架将之固定,甚至需要对正式规则加以解释、修改,才能满足这种稳定的合法性期待,而这种期待构成了组织得以存在的制度环境。例如,在经验研究中,我们发现,街道、乡镇实际上承担了大量的公共管理与服务职能,甚至出现本书重点研究的一项北京市改革"街乡吹哨、部门报到"(参见本书第一编),那么何以街道、乡镇会疲于"吹哨",而政府相关职能部门又长时间怠于"报到"、不予响应执法呢?还是需要分析法律规范本身蕴含的教义学规则,并只有重新解释、修改乃至废止相应规则,才能把改革成果真正吸收到实证法律体系中,产生组织所处的新的制度环境。我们可以简要分析这个例子。

回到法教义学的工作上来。前述《宪法》第 107 条规定的"县级以上人民政府……考核和奖惩行政工作人员"确立了整个国家行政组织法的一条法教义学规则:人事评价权属于县以上地方政府,并体现到各个具体立法和政策制定中。这导致在实践中,县以上地方各级政府将人事评价权具体分解给各个职能部门,街道、乡镇因此实际上由上级政府各个工作部门来评价、考核与奖惩,进而经费拨款等各种物质资源也被上级吸附,从而不得不成为这些考核主体的"下级部门",失去了宪法法律所规定的派出机关或一级政府的地位,从而承担大量的公共任务。而上级政府部门由于手握考核、监督、奖惩、拨款等一系列实际权力,也容易滋生懈怠与懒惰,更没有动力响应实际处于下级行政机关位置的街道、乡镇之执法诉求。

---

① See Meyer, J. W. and Rowan, B., "Institutionalized Organizations: Formal Structure as Myth and Ceremony", *American Journal of Sociology* 1977, p. 83.

从比较法的角度来分析，当然有必要建立新的人事处分权规则体系，建立独立、专业的公务员绩效考评与奖惩体系，摆脱这种体系的简单层级化。例如，德国法上的联邦人事委员会可以独立受理对联邦公务员的人事争议，只服从于法律，对于该争议处理结果不服，还可以提起公法诉讼，由行政法院进行审查。若确立如此规则并非容易，则创设或修改相应规则也是重要考虑，例如，2019 年年底出台的《北京市街道办事处条例》即将改革逻辑重新合法化到新的制度框架中，建立起一种"互相问责制"的教义学规则，其第 43 条规定："区人民政府统一进行街道办事处工作考核，建立以辖区居民满意度为主、以居民委员会和区人民政府工作部门评价为辅、监督检查和第三方评估相结合的考核制度"；并在第 2 款明确规定"区人民政府工作部门未经区人民政府统一组织不得对街道办事处工作进行考核"；同时，第 44 条建立起街道对政府工作部门的柔性问责制："对于在落实党建引领'街乡吹哨、部门报到'工作机制中拒不履行职责的工作部门，街道办事处报区人民政府，区人民政府应当对工作部门落实责任情况进行调查、督办，并纳入年度绩效考评体系。街道办事处应当按照区人民政府规定，邀请辖区单位、居民代表、人大代表和政协委员对区人民政府工作部门进行评价，评价结果作为年度绩效考评和提出人事任免意见建议的重要参考依据"。可见，组织变迁的实证法律化是确保合法性期待的关键，而此种再法律化的工作恰好需要极大程度上依赖于法教义学的分析。

三、作为国家治理框架的（行政）组织法：规范及动力不足

国家作为一种组织现象在法律层面当然不限于行政组织法，但以马克思·韦伯为代表的古典国家组织理论最重要的运用就是在法律上体现为国家直接行政。按照阿斯曼的经典说法，行政

组织法建立在双重功能法教义学之上:一是建构功能,将参与国家治理的行政组织建构为法律上的人(行政主体),具赋予其权力,明确其责任;二是管制功能,法律上的组织规定影响具体行政活动的过程及决定。①

从建构功能出发,行政组织法着眼于法律形式、组织区分和实质原则三个部分。② 行政组织法首先要获得一个关于承担国家行政任务的静态框架,在这个框架里必须通过法律概念设定安放不同的法律主体,表现为不同的形式。例如,在中国传统行政法理论里以实在法为基础就建构出行政机关、法律法规规章授权组织、行政受委托组织、其他承担行政管理任务的组织等概念。进一步,在不同法律形式里还必须以实定法为基础分解具体的法律要件,例如,在德国国家法与行政法上,"行政机关"作为具有《基本法》规范基础的国家直接行政组织,就可以分解为(1)职能(功能)配置规则;(2)职位规则(包括根据《基本法》第 33 条建构的公务员和公物);(3)权限规则,包括《基本法》对之进行的纵向配置(联邦与地方自治组织)和横向配置(如《基本法》第 84 条规定的执行联邦法律、制定法规命令、发布行政规则等权能);(4)意志形成规则(如独任制与合议制)四个组成部分。③

组织区分则着眼于通过法律区分行政组织的不同地位,以适用不同活动程序,承担不同法律后果,在德国法上如"完全权利能力主体"(行政主体)与"部分权利能力主体"、"外部机构"与"内部机构",在中国则由于应对行政诉讼法被告适格规则需要而特

① 参见[德]阿斯曼:《秩序理论下的行政法体系建构》,林明锵译,北京大学出版社 2012 年版,第 226 页。

② 同上。

③ 参见[德]齐佩利乌斯:《德国国家学》,赵宏译,法律出版社 2011 年版,第 179 页。

别发展出所谓“行政主体”与“行政机关”的区分教义学规则。[①]

实质原则主要是宪法和法律对行政组织的控制要求，例如，德国《基本法》所体现的行政一体性原则（层级原则）（来自韦伯所谓的“一条鞭”官僚制原理）。基本权利对行政组织的防御和给付请求，民主正当性原则对行政组织的约束被认为是传统行政组织法上最重要的两个控制性要求。[②]

从管制功能出发，行政组织法主要体现为与其他关联规则相结合，对具体行政活动的控制、指引和协调作用。在这个部分，组织法的建构明显依赖于组织学上各种具体组织要素的有机安排与结合，最主要包括（1）权力配置规则，包括管辖边界、公务协助、行政委托、行政助手等；（2）信息管理规则，包括信息流动、开放、共享；（3）运转协调规则，包括议事协调、外部程序衔接推进、内部决定及意思形成、转化程序等；（4）组织与环境沟通规则。

然而，行政组织的传统法教义学普遍被认为动力不足，不能完全有效应对经验世界的需求，在理念上催生出较大的革命。例如，在德国以阿斯曼等学者提出“行政法总论改革”之代表的组织法秩序理念革新，提出新的定向于积极管理、而非消极控制的理念[③]；日本行政法的学术传统则滋养出“制度设计型”的面向；欧盟行政法也基于传统理论的静态、笨重、极端形式主义法治、对民主正当性原则的狭隘理解等提出“创新、效率、负责、可信赖”等新的

---

① 参见薛刚凌：《我国行政主体理论之检讨——兼论全面研究行政组织法的必要性》，载《政法论坛》1998年第6期。

② 参见［德］阿斯曼：《秩序理论下的行政法体系建构》，林明锵译，北京大学出版社2012年版，第227页。

③ 同上书，第20页。

政府形象要求。①

在英美法实践中也掀起了“新公共管理革命”“治理革命”等一系列动摇传统国家直接行政的命题。例如，在20世纪80年代“政府重塑”理念下提出导航式政府(steering)，非亲自操桨的政府；社区性政府，更多的公共决策与服务回归社区(如社区警察)；竞争性政府，将企业竞争观念引入公共产品制造中；分权型政府，将决策权更多下放给员工，让地方也获得足够自主；前瞻性政府，强调行政行为对于风险规制的预见性；任务导向的政府；顾客导向的政府，强调服务政府的基本品质；市场导向的政府，政府要善用市场工具来创造公共资源，舒缓官僚制弊端。② 20世纪90年代更提出所谓的新公共服务模式，克服传统官僚制下行政行为强调的行政主导社会的模式，提出一系列基于社会网络结构所倡导的政府治理模式。③

中国传统行政法组织理论同样无法应对经验和实践的需要，尤其体现在如下四个方面：

第一，行政组织法应对新的组织形式明显滞后。实践中催生的大量承担行政任务的组织在法律上或者地位不明确，或者缺乏精细的权利义务责任与程序规定。改革开放的历史也是中国从国家行政向公共行政发展、国家权力社会化的过程，这里最典型的可以归结为四种基本类型。**(1)分享行政权的组织**。大量的社会组织凭借对政府的分享权而成为治理主体。例如，国务院直属事业单位的“一行两会”就依照法律授权直接参与行政管理。**(2)享有社会自治权的组织**。凭借制定技术标准与职业伦理规则或维护共同利益而参与社会管理，如各种行业协会，物业组织，社

① 参见林明锵：《欧盟行政法》，台湾新学林出版社2009年版，第17页。

② See D. Osborne, Gaebler, *Reinventing Government*, Penguin 1992, p. 194.

③ See D. J. Vinzant, D. R. B, *The New Public Service*, M. E. Sharpe 2003. p. 389.

区组织等。(3)**知识—权力型组织**,凭借专业知识所形成的权力,构成对行政决定的重要影响,如各种专家决策咨询组织,风险评估预警组织。(4)**新经济组织**,凭借新的经济产业形态,通过合同而产生“通过私法手段的治理”效果,如各种网络平台。这些新的组织形态形成了米歇尔·曼所称的社会权力,共同承担传统的行政任务,但法律对它们的地位、权力、责任与工作程序并没有充分回应。例如,《重大行政决策程序暂行条例》规定的“专家论证”程序,要求政府重大行政决策要经过专家论证,建立专家库,但这种专业组织究竟如何运转,专家遴选标准、职业伦理、观点作用于行政决策的过程效果,都没有法教义学上的完整建构。

第二,行政组织法对组织作用、调控行政行为的方式、程序回应明显滞后。传统理论和法律仍然固守直接行政与层级行政,对于经验中出现的公—私合作、社会共治等缺乏法教义学建构,层级行政内部的现代组织要素流转、沟通、协商缺乏清晰的权利、义务和责任边界划分。以 2015 年修订后的《食品安全法》为例,该法非常典型地揭示出当代中国国家治理复杂的多主体网状互动结构,而非传统单一制体系下行政权内部自上而下僵硬传递。根据该法,其治理主体包括:(1)传统行政主体,包括第 5 条规定的国务院食安委作为高位议事协调机构和国务院有关职能部门,也包括第 6 条规定的“地方政府负总责”,即县级以上地方人民政府对本行政区域的食品安全监督管理工作负责,统一领导、组织、协调本行政区域的食品安全监督管理工作以及食品安全突发事件应对工作;(2)食品生产经营企业作为第一责任人;(3)食品行业协会;(4)网购食品产生的网络第三方平台(第 62 条、第 131 条);(5)以消费者、媒体为代表的社会共治力量(第 9 条)。**法教义学的滞后体现在我们没有建构一个不同组织之间既有效分工,又协同、配合的治理体系**,包括政府内部,中央政府与地方政府的合作治理以及政府与社会的合作治理。例如,"地方政府负总责"必然意味着地方政府相对中央政府的治理灵活性和某种最终决断权,它改变了传统教义学认为地方政府仅仅是机械执行中央政府决策和命令的模式,**中央政府和地方政府的治理必然建立在沟通、协调、合作乃至各自裁量应变的反思理性之上,不能再固守古典行政组织法预设的行政一体性要求**。由此,**我们有必要建构起中央政府与地方政府合作治理的法教义学规则**,合理平衡"中央统一领导"与"地方政府负总责"这两个原则,**尤其在突发公共事件应对中,地方政府的临机决断与裁量自治必须得到充分尊重,同时又要以法律来控制其不会演变为地方封锁和各自为政**。

第三,行政组织法没有充分回应信息、数据、权力等组织要素的合理配置要求,没有建构起全要素配置的组织法教义学规则。组织学上的信息管理一直是中国行政组织法教义学建构的软肋。信息流动、开放、共享与数据分析是组织运行的基本要素,对中国这样的超大规模国家,信息在上下级的流动效果往往决定权力运行的效果。然而,在风险社会的背景下,信息流动不仅需要信息传递规则,还必须建立起风险信息的监测、评估、预警、交流(发布)、处置等全过程的法律规则。其中,**交流规则又包括内部分享规则、公开发布规则、个案回应规则、政策解读规则、趋势预测规则、规制命令发布规则**等。《食品安全法》及其实施条例实际上就构建了上述不同的法教义学规则①,但在组织法的一般法理上与其他部门行政法领域,我们缺乏对上述信息管理具体类型的精细区分与规定,**这就导致不同组织主体之间在信息管理上出现理解狭隘、权责不明、进退失据的现象**。同时,行政组织法还疏于对组

---

① See Wang Xu, "Governance Logic and Basic Systems of the New Food Safety Law of the People's Republic of China: Focus on SocialCo – Governance", *Journal of Resources and Ecology* 2018, p. 299.

织内部工作操作、流程推进、分工协同等法教义学规则建构，这导致仅仅针对组织之间的法教义学仍显空洞、粗放，不能有效调控最终产生外部法律效果的行政活动。

第四，行政组织法对于中国国家治理的深层次组织结构缺乏法教义学回应与建构，这个结构就是党政组织的趋同与分化。行政组织法假定国家治理是单纯的政府行为，但实际上执政党凭借宪法规定的领导权对于国家治理在不同历史阶段存在着程度不一、范围不同的作用。这种作用表现在组织法上就是党与政府既存在组织趋同，也存在组织分化，在历史上呈现循环发生的图景。趋同与分化的合理性标准则在于：作为生产意识形态和起教化认同功能的执政党必须避免陷入微观细碎的治理，而建立在专业化基础上的政府则必须始终保持党性，防止科层制弊端。二者在组织上的过于趋同或分化都不是理想的情形。

中国共产党领导是中国特色社会主义的最本质特征，是中国特色社会主义制度的最大优势。这一最大优势首先体现为中国共产党的组织体系具备深厚的社会下沉与覆盖基础，这有利于建立起稳定、统一的社会心理结构，而执政党的首要使命恰好是生产政治世界观，防止官僚化弊端与政治离心力。其次，脱胎于战时体制的组织体系恰好可以冲破日常政治中过于依赖专业分工与权责明确的“理性牢笼”，产生强大的动员能力、快速反应能力和灵活应对能力，由此，从组织学上观察，**党与政府最大的差异就在于它不是固守专业理性的条线架构，而是“全民皆备”、四通八达的网格架构，这种格局的力量平时隐而不彰，但如卡尔·施密特对主权者的描述，“在危机中显现”**。我们可以看到，在组织重大国务活动与应对突发公共事件中，在党组织的集中统一指挥下，隶属于不同政府条块的所有党员都被统一编织到一个体系中，进入严格整齐的战时纪律体制规训下，具有自然形成的“编户齐民”效果，这的确是克服现代政府科层制迟缓、机械、“平庸之恶”的重要优势。

由此，我们可以解释为什么北京经验中的“街乡吹哨、部门报到”要靠基层党建引领工程来推动。正是这种做法才产生了克服官僚制在条块上以专业化为名所产生的各自为政、部门利益至上弊端，实现了政治动员对专业分工的强大超越，保持了政府机关的党性。

然而，中国行政组织法教义学对于如何合理保持党与政府之间的组织距离，如何将这种党的领导权之组织运行加以法律定型，以确保合法性期待，避免深沉的政治动力与精细的专业操作发生碰撞与摩擦，还缺乏规则建构；同时，合理划定组织运作边界，避免党的领导权陷入专业化治理基础上的科层制弊端，尤其是在新一轮的党政合署办公与合并设立机构改革中提炼出法教义学原理，建构相应规则，我国行政组织法也缺乏充分的回应。

四、面向“作为经验之规范”的国家组织法

由此，结合本文的第二部分和第三部分，我们可以看到，通过组织法的国家治理既必须坚持法教义学的视角和立场，又必须保证这种立场的足够开放性和对经验的充分吸纳，本书正是希望秉持“作为经验之规范”的立场来微观透视国家治理活动中如何实现组织结构的优化，实现组织法的优化。而之所以选择北京市，也在于“作为首都的北京”和“作为地方的北京”，其治理对象、治理结构的复杂足以揭示有关问题的多重面向，其充分实现中国“政治中心”、“文化中心”、“国际交往中心”和“科技创新中心”的治理目标，又与国家治理的宏大叙事具有足够的匹配，也是某种国家治理的缩影。它在治理中遇到的问题以及解决问题的根本方案又恰好是将各种组织要素合理配置到法律框架中，印证了

“国家治理的本质是组织的问题”这个理论判断，以马克思·韦伯的术语来说，我们选择对它进行观察与研究，既是一种价值中立，也必然是一种价值关联。

“作为经验的规范”是本书基本的立场，各位作者通过社会学意义上的近两个月的田野调查，充分感受到在经验对规范的选择、刺激的基础上，从法教义学的立场出发解释规则的有效性及不足。而之所以这种研究还是一种“法社会学”的研究，就在于这种法教义学不是从体系化的理念或规则出发，而是既将规则视为实践的约束条件与外部环境，又将组织行动视为解释规则与发展规则、建构体系的“背景规范”，从而为法教义学的材料更新与体系完善提供新鲜、真实的生命之力。从某种意义上，这也是背负沉重体系的当代法教义学面对这个不确定世界所应自觉带上的新的枷锁。

最后，对全书各部分的基本内容进行一个简要概述。第一编“依法治理与系统治理”聚焦北京“街乡吹哨、部门报到”的重要改革，两位作者从党组织嵌入行政权协调的改革方案中观察、反思了古典直接行政模式与传统理性官僚制弊端，并对这种方案的法律定型给出了思考，揭示出不同社会系统对于治理的各种功能与边界。第二编“依法治理与综合治理”聚焦组织的手段要素，从平谷区“能人治村”这个微观现象出发，分析行政组织法所设定的规范性面对怎样的挑战，这个部分更值得挖掘的一个理论问题为：正如法国社会学大师克罗齐所说，现代组织以及寄生于其上的科层制是对个体和自由的压制，但个体也努力在行动上为组织设定目标，如何避免个体在自由舒展的过程中与组织“共谋”，加剧这种科层化，值得深刻思考。第三编“依法治理与源头治理”则聚焦北京郊区农村土地拆迁的几个个案，揭示出组织表现出来的集体行动与客观结构如何通过一种反思、商谈理性接纳个人的主观意志，从而在法律设计上更好落实这种理性。

第一编　依法治理与系统治理

“党的十九届四中全会强调加强系统治理、依法治理、综合治理、源头治理，把我国制度优势更好转化为国家治理效能。”①其中，依法治理是核心，系统治理、综合治理和源头治理是手段，是坚持中国特色社会主义制度、推进国家治理体系和治理能力现代化的保障。北京市平谷区在基层社会治理过程中，以问题为导向创新的“吹哨”机制，首先，在坚持行政组织法定原则基础上，实现上下级行政机关的联动作用，创新了执法方式，实现了基层社会治理的网格化治理新格局；其次，在坚持党建引领的指导思想基础上发挥了基层党组织在社会治理中的领导、协调作用，同时将满足群众需求作为执法目标，完善了群众参与基层社会治理的制度化渠道，是新时代下坚持群众路线的体现；最后，“吹哨”机制在适用过程中从“执法哨”发展成“管理哨”，进而到“发展哨”，该机制理念的深化升级是服务行政和人本理念的体现，实现了秩序行政和服务行政两种社会治理手段的结合。总之，创新基层行政组织形式以解决治理难题的“吹哨”机制内涵丰富，在基层治理过程中实现了依法治理和系统治理的统一，推进了我国国家治理体系和治理能力现代化进程。

---

① 《中共中央关于坚持和完善中国特色社会主义制度推进国家治理体系和治理能力现代化若干重大问题的决定》，2019 年 10 月 31 日，中国共产党第十九届中央委员会第四次全体会议通过。

第一章　国家治理体系现代化的北京探索：聚焦“吹哨”机制

李佳栋*　杨　丽**

第一节　“四个治理”背景下“吹哨”机制的理论逻辑：以系统治理现代化为核心

一、黑水湾矿区盗采矿难悲剧的发生

虽然国家禁止私人开采矿石，但是基于各种原因矿石盗采现象并未杜绝，违反相关规范的规定违法开采经常发生。2016年5月14日北京市平谷区金海湖镇黑水湾矿区盗采矿难造成6死1伤的恶性事件，是“乡镇吹哨、部门报到”机制（以下简称“吹哨”机制）产生的直接导火索，该事件造成了恶劣的社会影响。这一急迫事件的

---

* 中国人民大学法学院2018级硕士研究生。

** 中国人民大学法学院2018级博士研究生。

解决,在平谷区委、区政府的正确领导下和各相关部门的共同努力下,历时7个月,耗费了大量的人力、物力和精力。然而,盗采现象并没有因为该悲剧的发生而停止。

二、基层治理中的固有难题及原因剖析

"吹哨"机制的驱动,除了以上矿难悲剧的发生外,则是金海湖镇基层治理中存在的现实状况。金海湖镇具有独特的地理环境,三面环山,森林覆盖率85%,金海湖风景区是国家AAAA级景区。该区以发展旅游业为基础定位,加之特色农业等促进该地区经济不断发展,但其在经济上取得良好发展的同时并未妥善解决在此过程中附带的相关问题,问题随着时间推移慢慢堆积、发酵最终影响金海湖镇的整体发展进程。其中,尤以海子村为甚。其问题源于海子水库初建、续建、扩建,涉及占地征收、农转非补贴等附随问题,各种原因交杂导致治理中的相关政策未落实、问题未解决,村民为了维护自身利益而引发围堵镇政府的上访事件。此外,该景区发展问题重重,包括开发建设中的违建问题,景区内的黑导游、黑游艇、野钓等乱象。这些严重影响基层治理的问题急需一个行之有效的机制来解决。

(一)基层治理中的主要问题

从对平谷区金海湖镇等乡镇的调研中发现,"吹哨"机制产生之初是为了应对基层治理结构中条块割裂、权责错位而引发的治理能力不足。这种不足主要体现在两个方面:一是执法过程中的规制无力,二是公共服务的供给不足。基层治理能力面临的上述两种不足,也是当前基层治理过程中存在问题的典型体现。

首先是缺乏有效的规制。基层治理中社区党组织、村委会和居委会、工作站、区县和乡镇职能部门保持垂直科层结构,其中存在条块割裂、职责不清的状况,导致条块之间、块块之间形成职能

上的交叉。因此，对同一领域或同一对象的管理容易出现“政出多门”的现象，条块部门之间对容易消耗政务资源的事项形成消极争议，对可能存在扩展部门利益的事项形成积极争议。这种部门割裂和权责不一的状态易导致缺乏有效规制的结果，对违法现象难以及时治理纠正，对需求政务资源的领域供给难以到位。以建立“双安双打”机制之前的平谷区金海湖镇为例，在该镇诸矿区内私人违法开采矿石的现象屡禁不绝，盗采活动难以得到有效遏制，直至出现“5・14”矿难恶性事件。究其背后的原因，正是上级政府职能部门与乡镇组织之间缺乏有效协同，处罚权一直难以下沉至各乡镇，致使本地区对采矿活动一直难以形成有效规制。及至“双安双打”行动开展，在各职能部门协同的基础上，将执法的领导权和指挥权集中至乡镇，方才有效地处理了矿区违法违规开采的问题。金海湖镇的案例和经验也说明了当前基层治理中较为普遍存在的规制有效性危机。

其次是公共服务供给失衡。在构建服务型政府目标的政策指导下，“当前基层政府组织逐渐形成了主体多元化、方式多样化的公共服务供给机制，但是由于各级政府在公共服务的供给中，相关权责归属仍然没有厘清和明晰化，公共服务供给形式过多、结构不合理等问题，公共服务供给的总量、范围和均衡性等方面仍然有待提高”。[①] 具体表现在实践中，就是部分地区需要的公共服务不到位、公共服务供给与具体需求不对口、上级政策部署与地方特殊问题不协调。上述现象概括而言仍然是权责不统一，事权、财权不统一所导致的公共服务供给结构失衡、碎片化的资源难以得到集中调控和妥当配置。以金海湖镇茅山后村为例，起初

---

① 唐奕主编：《基层治理之路：来自基层实践者的中国梦》，中央编译出版社 2019 年版，第 36 页。

该村依托本地区优势资源发展本地特色水果的种植业,也取得了可观的收益。但是,该村水果的种植销售一直存在相对分散的特点,难以形成种植的规模效益,主要受限于本村在种植业专业知识储备、专家人才短缺等客观原因。在该村过去的发展探索道路上,村委会起到了发掘本地优势、引导村民发展种植、打造本地区特色农产品的带头作用,但对产业继续规模化发展所欠缺的技术和信息资源,村委会则是有心无力。这也反映出,在实际的基层治理过程中,上级政府对基层的公共服务供给可能与基层的具体需求之间存在不小的落差。

(二)基层治理中的“错位”

基层治理的实践中普遍存在如上所述的现实问题,这一点也可以通过梳理分析平谷区“吹哨”体制建立前基层乡镇面临的发展困境来反映。以平谷区的实践经验为例,基层治理中的这些难题整体上表现为两种“错位”:资源供给与具体需求的错位,以及其背后部门权力与责任配置的错位。

首先是资源供给与具体需求的错位。公共服务,特别是对乡镇各产业融合发展的技术和政策支持是基层尤为需要的资源。但是,现实中存在公共服务供给结构失衡、资源供给不到位、资源供给与需求不匹配等问题。这说明,在基层治理中公共服务等资源的管理配置权限分散在上级政府的职能部门,这与对资源有迫切需求的街乡存在相当的距离。而这种资源管理与资源需求的分离导致,公共服务等资源由供给方流向需求方时,需求与实际供给存在不协调,或者是需要耗费相当高的信息沟通费用作为协调需求和供给的成本。同样,法律和制度也是基层治理需要的一种资源,基层法律供给的主要形式就体现为执法权限。而平谷区金海湖镇的采矿业规制问题说明,实践中的法律和执法同样会出现供给和需求不匹配的情况。一方面,基层乡镇掌握着矿石盗采的情况最充足的信息资源，但这种信息资源难以有效地通过条块分割的科层体制传递给上级政府职能部门；另一方面，上级政府的多个职能部门交叉分管矿区的执法权限，而由于这种权限本身就分散于多个部门之间，难以集中下沉到问题焦点所在的基层乡镇。无论是公共服务的供给，还是执法权限的配置，都存在政务资源和基层需求错位的情况，由此，便产生了所谓的“看得见、摸得着，无权管；有权管，看不见”的现象。

其次是部门权力与责任配置的错位。资源与需求不匹配的根源仍在于，所谓条块关系中的“条”即各垂直科层结构的职能部门，汇聚到基层街道和乡镇时，仍然遵循了职能部门条块分割的逻辑。职能部门之间的权力和资源呈现碎片化和分割化，而乡镇所面临的实际问题和需求则是综合性和集中性的。一方面，控制和配置资源的权限仍然归属于上级政府的各工作机构；另一方面，直面和解决基层社会问题的压力和责任则由基层政府承担，从而使基层政府面对治理对象时力不从心。这种治理能力的危机就是权力集中归上和责任下沉之间矛盾的结果，反映了周雪光所说的组织学悖论，“权力越趋于上级一统，其决策结果与各地实际情况差异越大，反而导致基层实践与上级决策的偏移”，[①]从而扩大了统一体制与治理有效性之间的张力。这种政府条块之间权力与责任的错位就是所谓“看得见、摸得着，无权管，有权管，看不见”现象的内在原因。

（三）基层治理能力的不足：组织学的分析

上文业已揭示，基层治理面临的治理能力不足是上级政府与基层政府之间权力和责任的错位所致，这种错位反映出权力科层

---

① 周雪光：《中国国家治理的制度逻辑》，生活·读书·新知三联书店2017年版，第30页。

化与治理有效性之间的张力。而下文的分析表明,这种矛盾可能内在于基层治理体制的组织结构中,因此,若要打破基层治理能力提升的“瓶颈”,需要在改革中完成基层治理体制的组织优化。

首先是治理规模带来的组织复杂性问题。如果聚焦到具体的某个乡镇或街道,每个乡镇的资源禀赋、生产结构、社会问题都是相对明晰的,每个乡镇的首要问题和特殊问题也都不难发现,从此角度来看,基层治理的内容并不十分复杂。但是,基层治理不能将每个街乡作为脱离上级组织的孤岛来处理,而是应当将基层政府置于国家机关各级组织体系的环节链条中,将基层治理的问题置于国家治理能力建设的背景下。我国的物理空间和人口规模都决定了地方基层的多样性会使单一制国家的治理面临规模上的巨大挑战。基层问题带来的是治理问题规模的庞大,而国家治理的规模又会影响基层治理的有效性。“而且,随着现代经济活动高度的相互依赖,现代观念的多元发展,民众在社会生活、政治诉求上日益多元化,治理规模更加剧了组织复杂性,国家治理面临的挑战随之急剧上升。”①

为了整合各地方的多样性和特殊性,将多元化的地方利益凝聚于国家这一共同体下,就更需要建立集中的统一体制,将最高权力统一于中央。而为了适应庞大的治理规模,就需要在全国范围内建立科层制的国家机构体系来实现权限和信息在中央与地方之间的双向流动。国家治理规模的庞大,意味着从中央到作为国家机构最基本单元的街道乡镇中间,必然存在多个政府层级。无论是上级政府的权限下放,还是基层政府的信息反馈,都注定是一个较烦琐的过程,其间还伴随信息在多个层级之间传递带来

① 周雪光:《中国国家治理的制度逻辑》,生活·读书·新知三联书店2017年版,第16页。

的成本和风险。考虑一统体制本身结构的稳定需要权力的集中统一，向下级政府和基层下放权力就意味着一统体制本身的高风险，这种信息传递的高成本和权力下沉的高风险无疑会给基层治理的有效性带来挑战。

其次是上级统一决策和基层有效治理之间的张力。一统体制的内在要求就是，上级政府能够在整合统筹基层政府反馈的信息和利益诉求基础上作出决策，且决策能够被基层政府有效地贯彻执行。但是，上级政府与基层政府之间存在信息不对称的情况，二者间隔的机构层级越多，这种不对称趋势也就越明显。加之庞大的治理规模带来的组织复杂性，基层向上级部门反馈利益诉求的过程需要以极高的信息传递成本为代价，这使维系一统体制的治理成本极其高昂，且难以对基层的现实问题进行及时有效的回应。

信息传递的成本加剧了上级政府与基层政府之间的信息不对称。为消除信息不对称带来的影响，实践中采取的做法被称为“行政发包制”，即基层的实际工作和责任由离信息源头最近的基层政府来承担。但在此情况下，决策权或者说提供公共服务和法律供给的能力仍然由上级政府的职能部门所掌握，“上级政府拥有决定权和支配权，基层政府只有实施过程中的执行权和授予范围内的治理权”。[1] 这便是政府层级之间权力与责任错位的开始，其易导致的结果就是上级政府的决策部署脱离地方实践的具体条件。以统筹兼顾各地区情况为任务的上级政府，其决策过程自然倾向于强调规则和标准的一般性而非特殊性。但是，正如金海湖镇茅山后村的案例所反映出的，各个乡镇和各个行政村有着不

① 周雪光：《中国国家治理的制度逻辑》，生活·读书·新知三联书店 2017 年版，第 21 页。

同的资源禀赋和发展条件,对其基层事项的规制需要考虑特殊性。因此,上级政府的统一决策或称为决策权垄断会对基层治理的有效性产生直接影响。

三、传统的改革路径及其局限

金海湖镇基层治理中存在各种复杂、棘手的问题,有的是历史遗留问题,有的是伴随发展出现的新问题。在法规范的范围内,当地政府积极采取措施以期实现基层问题的有效治理。在治理的过程中,当地政府敏锐地发现问题症结在于职权与职责的分离。一方面,基层政府对当地治理中出现的问题负有解决的职责,保证基层秩序良性发展;另一方面,执法权以及执法力量却集中在上级行政机关。这一设计导致一个基层治理的困境,掌握基层信息的机关与实际执行解决问题的机关分离,即职责与职权的分离。这一设计的客观情况为违法行为的发生提供了可乘之机,进而导致客观上的治理困难。由于政府治理规模和机构层级而产生两种不匹配:权力与职责不匹配、资源与需求不匹配。上述这种矛盾可谓基层治理的固有难题,实践中为消弭信息不对称对基层治理造成的不利影响,业已存在多种改革治理体制的路径。但下文的分析将指出,这些传统的改革思路在一定程度上发挥作用的同时也存在各自的局限,不能从根本上优化基层治理体制的组织结构,也就无法从根本上消除科层制结构带来的消极影响。

(一)政务资源整合

为减少行政层级所带来的信息传递费用和治理成本,一种直截了当的措施是减少行政层级、压缩行政编制、整合部门功能,打破政府机关层级和部门之间的区隔,将政务资源整合并集中供给。基于此,当地政府在治理早期便提出通过上下级联合执法的方式以补足行政组织法设计的漏洞,但是,该联合执法机制亦问题较多。此种改革方式能够在一定程度上有效疏解公共服务等政务资源从供给侧到需求侧的流动不畅，确保人、财、物资源能够集中供给到问题发生的源头。但是，资源整合的改革也存在局限性，“虽然减少了信息传递和资源流动所需的行政层级，但是政府及其职能部门的执行能力却仍然受到挑战”。[①] 资源整合改革的核心内容是部门职能的整合，即在一定程度上突破“条条”之间的独立性，使资源的管理和配置能够不受部门利益的限制。但是，上级政府职能部门需要依托基层街道和乡镇才能发挥作用，所以仅打破上级政府职能部门之间的区隔，仍然不能保证上级决策和基层政府执行之间的一致。政务资源整合没有改变科层制体系权力与资源归上、任务和责任下沉的逻辑，在各部门职能整合的条件下，上级政府与基层之间的信息不对称仍然未从根本上得到弥合。究其实质而言，政务资源整合是在行政发包制面临治理失灵的情况下，越过基层政府直接以上级政府的权限规制治理对象。上级政府的职权高位和资源优势仍然没有和基层政府的信息优势结合起来，因而此种优化治理能力的尝试仍然难以避免上级决策与基层实践的错位。

从组织学的角度来看，资源整合改革致力于打破垂直科层结构之间的相对独立性，其可以被看作以运动型治理对常规型治理的局限进行纠偏的一种形式。以科层化政府机构为基础的常规型治理体制。这种稳定而程序化的行政过程构成了日常政治中的国家治理。但这种特点也使常规型治理的一些固有局限，如上级政府和基层政府之间权力和责任的错位，难以突破稳定的科层化结构而得到修正。常规型治理机制的失灵，如基层治理中的两

---

① 唐奕主编：《基层治理之路：来自基层实践者的中国梦》，中央编译出版社2019年版，第28页。

种错位,就需要启动一定形式的运动型治理加以应对。但是,运动型治理有效运作的基础是将原本分布于多个部门领域的资源集中投入某一个问题领域,其可以被看作一种“应急式”的反应,这种应急反应无法形成常态化、稳定化的治理机制,而社会治理在应急之后终归还是要回归日常政治、常规治理的轨道。整合上级政府部门职能、减少行政层级的做法没有根本改变常规型治理体制中基层政府“看到问题、缺少权力”的状况,而是暂时以上级政府的资源集中填补突出的问题,在回归常规型治理后,基层政府仍然不免继续面对“看得见,无权管”的困境。调研结果也证明了这种政务资源整合的方式在实际运行中的局限性。在乡镇与相关执法部门沟通后,由于缺乏有效的机制保障,职责不清,并没有形成自成体系的工作机制,加之距离远、时间紧、力量调配等原因,难以形成联动,无法及时有效处理问题,这种改革以失败告终。在实地调研过程中,走访的村民告诉笔者,这种联合执法方式并不能从根本上解决问题,上级行政部门工作人员往往是“走过场”形式的到基层考察,无法从根本上解决问题。

(二)管理权限下放

鉴于基层政府占据明显的信息优势,一种有别于整合上级政府职能的改革方式就是将部门职权下放给基层治理的主体,以强化基层政府组织的权力。赋予基层政府以更多的权力能够在有限范围内解决基层政府“看得见,管不了”的问题,且在治理体制改革的不同阶段,权力在上级政府和基层政府之间上移和下沉的过程中也一直在往复进行。但权力下沉的改革没有打破科层化的政府组织,科层化体制固有的上级决策和下级有效治理之间的张力仍然存在。换言之,向基层政府放权的做法只是在这一对矛盾中选择了顺应后者的需求,有可能会加剧上级决策和下级治理之间的紧张关系,因为权力下放本身就可能有违一统体制维系自身的需要。当基层政府掌握了信息优势和法律职权后，其本身可以及时有效地对基层社会中的问题进行回应，但是这种有效的规制在标准和规则的制定上，必然会最大限度地适应本乡镇或街道的特殊条件而非上级政府设定的目标。地方治理实践的多样化和活跃能够有效地发挥基层地区的资源优势，但基层的灵活变通会影响上级政府的决策和目标设定，进而削弱统一体制对基层的控制而导致“一放就乱”。在过去的治理体制改革中，权力一直在上级和下级政府之间不断上移和下沉，也正是因为治理效果在“一收就死、一放就乱”之间循环往复。究其根本，是因为简单的权力下放并没有对组织科层化结构进行优化，导致上级集中决策和基层有效治理之间的矛盾没有得到根本缓解，最终也难以实现真正有效的基层治理。

四、“吹哨机制”的提出及其实践背景

基于以上种种原因，平谷区主要领导坚持问题导向、系统治理的原则，多次到金海湖镇实地调研，并于 2017 年 1 月 17 日召开专题会议，亲自部署，把金海湖镇作为“双安双打”工作的试点，先试先行。坚持党建引领，成立专项工作指挥部，由镇党委书记和镇长担任指挥部的总指挥和执行指挥，赋予了镇党委书记绝对指挥权，要求 16 个职能部门下沉到乡镇，并提出了“事不绝、人不撤”的工作要求。金海湖镇开展了“双安双打”工作，并制定了“8＋4”工作法，探索出了“突击式、账单式、补位式”三种吹哨执法模式。“双安双打”仅仅是“吹哨”机制产生的雏形，在“双安双打”的基础上，平谷区委、区政府为了提升支部的战斗堡垒作用和基层治理水平，总结提炼了“支部吹哨、党员报到”“乡镇吹哨、部门报到”的“双吹哨”工作机制，至此，“吹哨”机制产生。

第二节 “吹哨”机制的法治逻辑:聚焦“四个治理”,升级治理方式

党的十九届四中全会公布的《中共中央关于坚持和完善中国特色社会主义制度 推进国家治理体系和治理能力现代化若干重大问题的决定》(以下简称党的十九届四中全会《决定》)进一步要求强化“系统治理、依法治理、综合治理、源头治理”的“四个治理”,从而把我国制度优势更好地转化为国家治理效能。“吹哨”机制的设计与党的十九届四中全会《决定》对实现国家治理体系和治理能力现代化的设计思路一脉相承又有所探索,事实上形成了一种以党建为引领,以依法治理为中心,以系统治理、综合治理、源头治理为框架的治理机制。

1. 依法治理:“吹哨”机制的压舱石

法治是人类文明的重要成果,是全社会共识的最大公约数,也是治理体系和治理能力现代化的实现形式。“吹哨”机制的建构必须恪守法治之理,也应当恪守法治之理。“吹哨”机制在党的领导统筹下,基于现有法律,对组织机构和职权、职责进行重新整合配置,从根本上走出因行政机关、部门间权责不尽合理配置、权责不够清晰影响行政有效治理实现的困境。无论是从机制演进的视角,还是从逻辑分析的视角来看,依法治理都一定是“吹哨”机制的中枢。在最早探索“吹哨”机制的平谷区,该区法制办为“吹哨”机制的实践梳理了万余项各行政机关和基层政府的职责和职权,以问题为导向梳理出职责清单,极大地明晰了法定职责,即使无相关权限的基层政府知道了“向谁吹哨”,也使有处理权限的行政机关知道“如何报到”,更确保了履职于法有据,权责配置

调整更要依法进行。同时，也只有在依法治理的进路下，国家公权力规范运行才有制度依托，从而使“决策—执行—监督”各方面有法可依，系统治理、综合治理、源头治理才能有章可循、有制可依，对不履职、不尽责的行为进行问责也能有的放矢。此外，客观上以依法治理为中心的治理体系也能强化人民群众对国家治理体系和治理能力的信任感。

2. 系统治理、综合治理、源头治理：“吹哨”机制的治理体系保障

系统治理的思维要求治理主体从政府无所不包、无所不管向以政府为主导、由全社会各主体共同治理进行，即要更好地发挥政府主导的功能，同时更广泛地发挥多元主体的治理功能。具体而言，“吹哨”机制在树立系统治理思维上展现出立足法治、目标鲜明、主体多元、内容系统的特点。就治理目标而言，“吹哨”机制最鲜明的特点就是高度的问题导向性。有什么问题就解决什么问题，什么问题突出就解决什么问题，不惧痼疾，紧紧抓住党的领导这个龙头，破解长期困扰基层的体制机制难题。就治理主体而言，“吹哨”机制调动了属地部门和属事部门两个部门的积极性，“属地部门”吹哨，“属事部门”报到，依法依规划分权责，使履职尽责既有法可依，也必须依法而行。就治理内容而言，“吹哨”机制着眼于破除条块分割的、部门主义的弊端，只有从治理内容上强调治理的系统性和全面性，才能全面破除国家治理中的复杂难题，也正因如此，“吹哨”报到不能局限于某地、某部门，否则无法应对牵一发而动全身的治理现实。例如，北京市平谷区金海湖镇为整治“非法盗采砂石和金矿”而采取“双安双打”的“吹哨”机制，赋予了熟悉违法犯罪情形和规律的属地乡镇政府“吹哨”的权力，梳理出围绕违法犯罪行为拥有执法权力的执法部门的权力清单，要求一线各部门闻“哨”而动，从打击违法、追究刑责到消除违

法犯罪土壤、促进地方经济转型升级等各方面解决基层治理的难题。这就是一个典型的着眼于成组织、成规模、危害大的违法产业链进行系统打击、系统解决的“吹哨”机制的实践案例。

综合治理思维的树立关系社会治理能力的提升。党的十八届四中全会所作的《中共中央关于全面推进依法治国若干重大问题的决定》(以下简称党的十八届四中全会《决定》)指出:“坚持综合治理,强化道德约束,规范社会行为,调节利益关系,协调社会关系,解决社会问题。”综合治理意味着工具理性的扩展和一种治理手段“工具箱”的完善,这也是对习近平总书记关于“城市治理要像绣花一样精细”这一指示进行落实的必然要求。“从字面上理解,综合治理就是发挥可资利用的所有治理资源的优势,结合可使用的各种手段进行治理,也就是治理手段要从单一手段向多种手段综合运用转换。”①这也是“吹哨”机制“2.0版”乃至“3.0版”、“4.0版”的发展方向,从法律上来看,即从围绕负担行政的行政处罚、行政强制等行政行为的“吹哨报到”向围绕给付行政、福利行政等行政行为的“吹哨报到”发展,从而实现一种以构建更完善的分配制度、引领更良好的社会风尚,急民之所急、解民之所难的“吹哨”机制。自2019年以来,北京市政府通过发布《关于加强城市精细化管理工作的意见》《关于深化党建引领“街乡吹哨、部门报到”改革的实施意见》等文件,围绕群众身边的问题“吹哨”,推动“以人民为中心”的“吹哨”,解决人民群众的身边事、麻烦事、烦心事。

源头治理思维并非仅局限于源头的管控,而是一种全过程治理和风险防控思维的落实,“吹哨”机制既是对这一治理思维的充

---

① 肖应明:《中国少数民族地区创新社会治理研究》,陕西师范大学2015年博士学位论文,第145页。

分落实，也是这一治理思维重要的落实载体。这种源头治理、风险防控的思维深植于我国《宪法》所确定的国家治理体系框架中，也是实现国家治理体系和治理能力现代化中需要弥补的短板弱项。一方面，“吹哨”机制通过执法权力下移，健全基层权力配置格局，打通政务信息收集和行政权力行使的不对称，就是一种源头治理思维的体现；另一方面，“吹哨”机制充分调动基层属地部门的积极性，对过去想管、想处理但是没有权限和权力处理的部门所面临的风险挑战提供了管理、防控的方式和路径。充分发挥属地部门发现在早、防范在先、处置在小的优势，而非等到矛盾和风险的扩大和激化就能借助“吹哨”机制进行处理，真正实现了一种发现问题在基层、解决问题在基层的治理机制的迭代升级。例如，在顺义区开展的城市综合治理与监管执法改革中，着重突出源头管控和风险预防的思维导向，通过“吹哨”机制共商共治，一个工商部门查处的散煤经营问题在消防部门的风险预防思维中可能是极易导致重大火灾事故的风险点，因此，需要更妥善和专业地对风险源进行处理，这是“吹哨”机制在源头治理、风险防控中的很好范例。

第三节　“吹哨”机制运行效果

一、问题有效解决

提出“吹哨”机制，主要是针对金海湖镇管理过程中存在的金矿盗采、景区旅游生态环境等有待解决的迫切问题。通过走访乡镇干部、村民以及通过实地调研得知，上述问题基本得到解决。该机制并没有局限于解决此类迫切性问题，其被不断完善升级并适用于解决其他相类似的问题。在治理过程中金海湖镇设置了金海湖管委会和金海湖综合执法中心。通过制度设计,其执法逐渐实现一般化、规范化,使该机制在最初的解决迫切性社会问题的基础上具有了体系化管理的内容,在违建拆除、解决海子村历史遗留问题中也取得了显著的社会效果。进而,该机制实现了从“执法哨”到“管理哨”的升级。然而,这并不是该机制适用的终点,该机制不断适应基层治理的需求,升级为“发展哨”。这一点主要体现为:茅山后村取得“佛见喜梨”农产品地理标志标识,十几个区级部门在茅山后村召开两次会议,讨论研究茅山后村“三农”综合体建设方案,结合区级“三农”优惠政策套包和综合服务中心的建立,实行全链条、全环节、全要素的“三农”服务,建立茅山后村“三农”工作示范区,破解了该村发展难题,使农产品变成商品、农民成为真正的投资主体,从而促进农民增收。

二、生态环境恢复

金矿盗采、金海湖库区的黑导游、黑游艇、野钓等行为以及对生态环境影响巨大的马岛、山水文园工棚等违建严重影响生态环境的良性发展。面对这些需要解决的难题,“吹哨”机制被启动,通过上下联动的新型执法方式遏制了盗采金矿行为,同时对金海湖库区进行综合整治,实施近两年来社会成效显著。其中,最直接的成效之一便是生态环境的恢复,金海湖水质 20 年来首次达到地表水二类标准,金海湖风景区生态环境明显好转。这一成效是对习近平总书记强调的“绿水青山就是金山银山”最好的回应。

三、执法工作人员在“吹哨”机制下的行为表现

在“吹哨”机制实施前,面对权责不一致的困境,联合执法更多地表现为一种形式意义上的执法方式,不能从根本上解决问题。造成以上现象的原因之一,便是没有一个规范的、成体系的

联合执法机制。这直接导致未从规范意义上对执法人员的执法行为形成约束力，使其执法行为涣散、形式化。正是看到了以往执法机制存在的问题，平谷区政府在对“吹哨”机制设计之初便把执法人员职责、问题清单、工作运行机制、考核、绩效等内容作为一项重要部分进行规定，从制度上形成了一个严密的、规范的权责体系，约束执法工作人员的执法行为。在这一合理、规范的制度设计下，该机制实施以来，执法工作人员在明确自身职责基础上做到了规范执法、积极执法，同时实现了与其他相关执法部门等的相互配合。

第二章　科层制和网格化组织因素基础上的行政组织形式设计

杨　丽[*]　李佳栋[**]

福山所言，即便在组织这个有限范围内，无论是私营部门，还是公共部门，都不存在最优的组织形式。组织设计没有全球通行的规则，这意味着公共行政领域必然更像一门艺术，而非科学。[①] 将此论断置于行政基层，得出的结论便是，组织设计的问题必须是具有地方性的。

---

* 中国人民大学法学院 2018 级博士研究生。

** 中国人民大学法学院 2018 级硕士研究生。

① 参见[美]弗朗西斯·福山：《国家构建：21 世纪的国家治理与世界秩序》，郭华译，学林出版社 2017 年版，第 55 页。

第一节 科层制基础上的行政组织设计

"行政组织法由三部分构成,法律形式、体系上特有的区分、特定实体法原则。其中实体法原则是指层级指示,其经常被视为行政组织法之核心建构原则。而这实质上是行政一体概念的问题,而一体概念系来自以科层制组织的国家直接行政模式。"[①]此为标准模式,等级制排列组织是科层制工作结构不可避免的产物,从民主国家行政组织角度来看也是宪法的间接要求。"因为领导与监督是公共行政可能的结构原则,在民主国家中作为促成统一的工具,层级模式的根本性作用是不容忽视的。"[②]一般而言,行政一体性包含两层含义:"首先,其指称在一个行政辖区内,尽可能所有之权限应集中于一个机关或集中于一群由统一的一位首长所指挥的行政机关群中。第二个意义指所有的国家机关应该以相同的思考对外作成决定。"[③]行政一体性并未在我国《宪法》中明确规定,但是我国《宪法》和相关的行政组织法规范体现了行政一体性内涵。从我国《宪法》制定史来看,1954 年国务院采取的是集体领导的部长会议制的组织体制,但是,从 1982 年《宪法》可知,国务院采用了总理负责制的组织体制,强化了总理责任,目的是避免行政领导权分散,提高行政效率。[④] 而在我国宪

---

① [德]施密特·阿斯曼:《秩序理念下的行政法体系建构》,林明锵等译,北京大学出版社 2012 年版,第 226 ~228 页。

② 同上。

③ 翁岳生主编:《行政法》,中国法制出版社 2002 年版,第 328 页。

④ 参见许崇德:《中华人民共和国宪法史》(下卷),福建人民出版社 2005 年版,第 518 页。

法关于行政机关相关规定的讨论中,"精干和提高效能""行政工作效率"等字眼频繁出现,可见,作为行政效率、政策贯彻的保障,行政一体性是一个值得维持的体制,是一个重要的行政组织法设计理念。

确保行政一体性的科层制行政组织法设计,实则是国家直接行政的优先地位的体现。

第二节 科层制作为行政组织设计原则的局限性

层级制建立在民主、统一基础上,正如莫尔施坦因·马克思断言,这样的工作结构具有"不可避免的等级制特征",其是指,"由于可以进行精确的劳动分工并且可以更容易地对整体成果和更多的利润进行监督,所以,对于各个不同部分必要的系统化的上下级等级从属构想显然非常符合对大型组织机构单位进行集中统治的想法"。[①] 依据我国现行《宪法》第85条的规定,国务院是最高国家权力机关的执行机关,是最高国家行政机关。由此可见,行政机关是作为权力机关的意志执行机关,保证法律等规范的贯彻执行。这决定了行政机关的组织设计要满足执行上的统一一贯性,进而在行政系统内建立了不同于法院等国家机关的上下级行政机关之间的领导与被领导的关系。而在这种组织设计中,国家权威的流向是从等级制的顶部向下流动,下级服从上级,接受上级领导。

在"吹哨"机制中,区政府将对上级行政机关部门具有拘束性的"吹哨权"赋予下级行政机关,当下级发现基层治理中存在的问题并吹响"哨声",上级行政部门必须下沉到基层解决问题。这一

① [德]埃贝哈德·施密特-阿斯曼等:《德国行政法读本》,于安等译,高等教育出版社2006年版,第124页。

机制下,权威自下而上流动,与传统的层级制权威流向不同,而这往往需要说明理由。如同委托—代理框架的缺点是,它假设权威是朝一个方向流动:向下。西蒙等人早就指出,权力的流向不只是自上而下,也可以是自下而上和横向流动。也就是说,一个组织的不同部分中有不同形式的专业能力或知识。而组织成员不仅要服从等级结构中高于自己的成员,也要服从掌握这些专业知识的成员,因为在任何复杂的组织内部或在普遍的现代社会中,权威必然是按照功能来分配的。① 笔者认为,上述观点同样可以适用于层级制基础上的行政组织。在"吹哨"机制中,享有"吹哨权"的基层掌握着基层问题的有效信息,较之上级行政部门其更有"话语权",自此,权威流向发生变化。从基层治理有效性视角来看,其具有正当性。

第三节　行政组织形式设计中网格化组织因素的增加

以上分析了层级制作为行政组织设计原则存在的局限性,在现在复杂的社会治理背景下,行政并非简单的下级服从上级领导下的执行、一种单向力量的流动,而更是一种上下联动、互相合作下的网络关系。这种组织运行模式是由社会治理环境复杂、行政组织法理论相对滞后性、有效信息掌握者在组织中所处位置等因素综合导致的。

然而层级制的组织设计也存在不稳定性。基于层级制的行政组织设计特点,仅仅依靠上级决策、下级执行的方式,可知,其

---

① 参见[美]弗朗西斯·福山:《国家构建:21世纪的国家治理与世界秩序》,郭华译,学林出版社2017年版,第64~65页。

并无解决所有问题的可能性。由此，巴尔斯认为，随着行政环境的日益复杂化，行政的组织结构也必须相应地减少等级、弱化集权和加强合作。[①] 对科层制的组织设计持批判之声的观点认为，其也不是中立的执行机构，在接受与处理信息时亦有其个别的利益关系和困难。传统组织法所欲探究的组织关系，所呈现的是直线的、垂直进行的决定步骤，忽略了反馈与网络结构。但是，在此需要明确的是层级组织的决定模式未来仍将扮演重要角色，只是其呈现形式及影响因素在改变，除指示外，尚有战略性及战术性的管控工具。[②] 此即，在组织法中，除了科层形式外，尚需加入其他组织形态因素。

具体到金海湖镇的治理过程中，平谷区政府针对基层乡镇治理能力不足、上级职能部门与基层政府"条强块弱"等问题，从优化基层治理组织结构的角度出发，在"双安双打"工作的基础上总结提炼出"吹哨"的工作机制。该机制以解决基层治理中的实际问题为出发点，以行政执法的权责统一为理念，形成以乡镇基层党组织为主导、多职能部门协同参与的治理与考核机制，在基层街道乡镇打造出多元、协调、有效的规制空间，解决了过去简单的形式上的联合执法中联而不合、互相推脱的问题。正是因为"吹哨"机制能够对上下级职能部门之间的科层化组织结构进行优化改造，通过行政机关上下级之间的联动执法设计增加网格化组织因素，在基层乡镇重塑信息流动通畅、资源配给及时的规制空间，所以其能够实现基层治理能力的提升，实现上级统一决策和基层有效治理的统一。

---

① 参见[德]埃贝哈德·施密特－阿斯曼等：《德国行政法读本》，于安等译，高等教育出版社2006年版，第128页。

② 参见[德]施密特·阿斯曼：《秩序理念下的行政法体系建构》，林明锵等译，北京大学出版社2012年版，第228～229页。

第三章　行政组织法定原则和实现行政效能基础上的“吹哨”机制

杨　丽*　李佳栋**

党的十九届四中全会提出，要优化行政组织，使政府机构设置更科学，进而形成高效率组织体系，①即在遵守行政组织法定原则基础上要以高效率实现行政任务为目标，在实践中不断探索行政组织的最优化配置形式。北京市平谷区创新的“吹哨”机制，一方面，坚持法治思维，遵守行政组织法定原则；另一方面，将提高行政效能、实现行政任务作为行政组织形式设计的因素。其在坚持依法治理的思维基础上，促进治理体系完善和治理能力的提升。

---

* 中国人民大学法学院 2018 级博士研究生。

** 中国人民大学法学院 2018 级硕士研究生。

① 《中共中央关于坚持和完善中国特色社会主义制度推进国家治理体系和治理能力现代化若干重大问题的决定》，2019 年 10 月 31 日。

第一节　形式法治下的行政组织法定原则及其局限性

“公共行政组织必须由宪法和法律予以规范，而不能由行政机关自行其是，即使是出于对现代行政复杂性和机动性的考虑，行政机关也只能在宪法和法律的明确授权下，对公共行政组织的部分问题作出决定。这是民主和法治对公共行政组织的一个最基本的要求，日本学者室井力将之称为‘行政组织法定主义’。”①然而，无论是立法机关不能承受之立法重任，还是社会发展日益复杂、行政任务随之变迁等原因，这决定了立法机关并不能事无巨细地对行政机关组织规范作出规定。最常见的做法是法律规定具有原则性的规范内容，通过行政规范实现具体化。

在我国，行政组织法定原则的内涵，即在立法机关不能全方位进行行政组织立法的情况下，依据重要性判断标准进行部分的、一定程度上的立法，再由行政法规进行细化，此亦是行政组织法律保留的内涵，核心都是探讨法律对行政组织立法的范围和程度问题。根据法规范的位阶性，下位法要遵守上位法，在上位法规定的范围内进行细化工作。

然而，从我国目前的行政组织立法、实践以及理论研究现状来看，都尚需进一步完善。行政组织立法主要是《国务院组织法》以及《地方各级人民代表大会和地方各级人民政府组织法》，其他的多是行政规范性文件。在实践中，常常出于应对社会复杂变化的事实或者提高行政效率等原因，在行政组织设计上进行“创

① 姜明安、沈岿：《法治原则与公共行政组织——论加强和完善我国行政组织法的意义和途径》，载《行政法学研究》1998 年第 4 期。

新”。严格地遵守“行政组织法定主义”只会带来行政的低效率且难以完成行政任务。行政组织法定原则的一个重要面向即是行政组织法律保留原则的适用,但是值得注意的是行政保留理论在行政法的不同领域的适用是不同的。同样,作为行政行为法领域的秩序行政和给付行政在适用法律保留原则时即存在不同,相较前者,后者享有较大的裁量空间。而行政组织法与行政行为法在适用法律保留理论时差异更大,以“行政行为”为核心概念发展起来的行政法理论是以行政机关和私人的法关系为基础的,加之与其共同构成完整的行政法体系的行政复议、行政诉讼的对私人的救济制度,其主要是以私人对行政机关的防御权的实现为建构理念的。然而,行政组织法更倾向于立法政策之问题,这是随着社会环境的变化而变化的。其理由在于,宪法中相关条文并不具有绝对之精密内容,毋宁,其条文相当简洁从而系开放以便能随时空变迁加以调整、形成。

依德国通说,就重要事项,立法者应自行决定,而因为当代之行政生活系以行政行为为主;对于重要的行政行为事项,立法者必须以足够精确之法律加以规定。组织法律系属任务、组织之规定,原则上仍难与专业法律中行政行为授权之精确度相比拟。[①]进而,法律保留理论在行政组织法的适用中应该得到一定程度的缓和。在行政法理论发展上,传统行政法更关注行政机关与私人之间的法关系而发展起来的以行政行为为核心概念的行为法理论,对行政组织法理论的研究滞后。这些原因交织导致行政组织立法与行政组织实践之间存在明显张力,而这是我国现阶段行政体制改革背景下的必然现象,但是在这种背景下我们需要平衡两者之间的关系。一方面,遵守行政组织法律保留原则,遵守宪法、

① 参见翁岳生主编:《行政法》,中国法制出版社2002年版,第281页、第321页。

法律对行政组织作出的原则性规定；另一方面，我们必须面向社会发展现实，引进其他评价行政组织设计“合法性”的因素，缓和法律保留理论在行政组织设计中的适用。这既是推进我国行政体制改革的动力，又是建构、发展我国行政组织法理论的重要契机。如果严格按照现阶段我国行政组织立法中的行政组织法定原则，“一刀切”地否定社会实践中出现的看似“违法”的行政组织改革，必将阻碍我国行政组织法治的发展。

第二节 行政组织法的建构原则
——增加行政效能的行政组织法建构面向

一、法规范层面上的行政效能

以上论证了行政组织法与行政行为法设计理念的不同。具体而言，建立在行政作用法和行政组织法上的行政机关概念是不同的，分别是基于行政履行法理的机关概念和事务分配性机关概念。[①] 两者的相关理论设计亦不同，前者是从行政机关和私人的关系角度出发的，倾向于从保护私人权利角度进行研究。例如，行政行为效力、对行政行为的司法审查等研究，在这个视角下对外作出具有法律效果的行政机关是核心机关，其他机关只是辅助机关。后者则更倾向于行政机关内部设置，强调的是行政机关以及部门之间的关系，其研究方向则是各行政机关以及各部门间如何更好地设置以更好地完成行政任务，在这个研究视野下，所有的行政部门都成为研究对象。

---

① 参见[日]盐野宏：《行政组织法》（第3版），杨建顺译，北京大学出版社2008年版，第14页。

行政任务、行政效能是行政组织法设计应该考虑的重要面向，“行政组织的历史发展与行政任务之发展不可分离，而行政任务之发展又是国家发展的一部分”。只有寻求行政组织与行政任务间的相对应关系，法律的规范内涵才能真正得到发挥。[①] “而行政组织法在行政法体系中，具有双重任务：就其建构功能而言，行政组织法将行政建构成法律上的行为体，并规范其内部结构；就其管制功能而言，行政组织法会影响行政事务处理过程及其决定，塑造一种关联管制。”[②]

笔者认为，想要探寻行政机关在组织法上的建构理念，需要从作为我国宪法中寻求答案。而“行政效能”作为行政组织法建构的重要因素存在宪法基础。具体可以从以下两点进行论证。

（一）民主集中制原理作为国家机构的建构原理

依据我国《宪法》第3条，中华人民共和国的国家机构实行民主集中制原则。民主集中制作为国家机构建构的原则，除了指导国家机关之间关系的确立，也是单个国家机关内部组织设计的指导原则，其内涵具有模糊性。张翔从功能主义视角论证我国国家权力的配置原则，“在‘功能—机关’纬度，将功能主义的配置原则概括为两项基本意义，其一，为以机关结构决定职权归属；其二，为因职权需要调整机关结构”。[③] 而一项职权的产生离不开国家任务的变迁，从中不难看出国家任务在国家机构设置中的重要作用。王旭对民主集中制进行了深层次的剖析，将国家民主正当性和治理有效性作为民主集中制的实践逻辑，而其规范逻辑表现为

---

① 参见［德］施密特·阿斯曼：《秩序理念下的行政法体系建构》，林明锵等译，北京大学出版社2012年版，第233页。

② 同上书，第226页。

③ 张翔：《我国国家权力配置原则的功能主义解释》，载《中外法学》2018年第2期。

设立规范、活动规范和相邻规范的有机统一。其中,民主正当性强调人民主权原理,在国家机关的设置上体现为由代表人民意志的最高国家权力机关产生并监督其他国家机关。治理有效性强调国家机关的设计要符合机关效能原理。此即国家机关要提高工作效能,积极实现其被赋予的国家任务,进而延伸出“任务—职能—权力”的统一。[①] 通过以上分析,行政机关组织设计的原理亦逐渐明了,即坚持其组织设计的民主性构造的同时,要坚持行政机关效能实现的目标。正如施密特·阿斯曼所言,法治国家责任清楚及效率之要求,与民主正当性之要求汇集于组织法。[②] 民主正当性中体现出来的人民主权原理主要通过行政组织法律保留原则实现。例如,我国《立法法》第 8 条以列举加概括的方式规定了法律保留的范围,其中包括各级人民代表大会、人民政府、人民法院和人民检察院的产生、组织和职权。此外,其还可以通过法律委托方式实现,如我国《立法法》第 9 条规定,“本法第 8 条规定的事项尚未制定法律的,全国人大及其常委会有权授权国务院根据实际需要,对相关事项先制定行政法规”。治理有效性的实现则应该将行政任务作为指向标,结合社会治理实践,在坚持行政组织法律保留原则的基础上探寻行政机关组织设计的方式,以提高行政治理绩效,完成行政任务。

这一点,已经被一些学者意识到并作了相关研究。郑春燕从行政效能的实现角度探讨了行政组织理论、行政效能(行政组织

---

① 参见王旭:《作为国家机构原则的民主集中制》,载《中国社会科学》2019 年第 8 期。

② 参见[德]施密特·阿斯曼:《秩序理念下的行政法体系建构》,林明锵等译,北京大学出版社 2012 年版,第 225 页。

是否妥善地完成了行政任务)。[①] 在这个意义上的研究是对马克思·韦伯理想的科层制机构模式的一种反思,后者更多的是强调行政组织对“世界”的影响。贾圣真也认为,在行政组织规范的形式合法性存在局限性的情况下,行政任务可以相对地作为行政组织规范和实践之间张力的合法性依据。行政组织合法性内涵因“胜任”而“合法”,使“行政任务”成为行政组织合法性的另一种进路,使行政组织合法性内涵得以扩张。[②]

(二)国务院与各级政府的功能分析——以宪法对国务院和各级政府的定位为规范基础

除了可以从民主集中制推导出行政组织设计的行政任务、行政效能面向外,笔者认为,亦可以从我国宪法对国务院和各级地方政府的定位推导出来。我国《宪法》第 85 条、第 105 条分别规定,中华人民共和国国务院,即中央人民政府,是最高国家权力机关的执行机关,是最高国家行政机关。地方各级人民政府是地方各级国家权力机关的执行机关,是地方各级国家行政机关。

国家职能可以分为两种:一为国家意志的表达;二为国家意志的执行。弗兰克·古德诺分别将之称为政治功能和行政功能。为了国家的有效治理,两者应该实现协调一致,而其中一者需要丧失独立性,而在人民主权理念下,必然是行政功能丧失独立性,从属于政治功能。政治功能对行政功能的控制是一种必然。但是,这种控制存在程度的限制,否则只会导致国家意志的表达机关全权控制执行机关,进而导致行政功能的无效率。而现代法治国家背景下各国家机构职能分工、相互配合的制度设计正是上述

---

① 参见郑春燕:《行政任务变迁下的行政组织法改革》,载《行政法学研究》2008 年第 2 期。

② 参见贾圣真:《行政任务视角下的行政组织法学理革新》,载《浙江学刊》2019 年第 1 期。

理念的体现。将其置于我国法治背景下，主要承担国家意志表达功能的即权力机关，主要承担国家意志执行功能的即行政机关，而其中的难题即如何判断权力机关对行政机关的控制程度。古德诺认为，判定这种必要控制的准确程度，对行政功能进行分析是绝对必要的，即建立在对行政功能的性质、内容进行分类的基础上。古德诺认为，第一种行政功能处于司法行政和政府行政之间边界上。这一类行政功能，不是纯粹的司法性质，但是其强调公正无私，是准司法性质的、需要具备相当多的技术知识、为了维持政府日常工作顺利进行而收集掌握大量的信息，可以将其称为建立、维持和发展政府组织的功能。它们具有准司法、统计和半科学的功能。第二种行政功能即狭义的执行功能，仅体现在执行已表达的国家意志方面，即单纯的执行法律。①

通过考察我国宪法对国务院和地方各级行政机关的制定史可知，当时制宪者们也认为司法机关也是执行机关，所以"最高国家行政机关"才是对国务院的根本定性。可见，此处的"执行机关"和"行政机关"是两个内涵不同的概念，自此，其可以作为分析国务院和地方各级政府存在不同类型职能的规范基础。其一，此处的"执行机关"仅是各级政府的一个功能或职能体现，即严格执行权力机关的意志。在此意义上，权力机关应该对其进行严格的控制，后者在前者的规范范围内行为，这是保证国家的两种功能协调一致的关键。其二，对其"行政机关"的定位说明其不仅是一个单纯的法律执行机关。在现代国家并没有职能、机关的严格分离，而往往是某一个国家机关主要承担一项职能，各国家机关之间存在"公地"，美国从绝对的权力分立向相对的权力分立过度便

① 参见[美]弗兰克·古德诺：《政治与行政——政府之研究》，丰俊功译，北京大学出版社2012年版，第60~63页。

是例证。所以,我国的各级政府也具有意志表达功能,一定意义上可以填补法律空白,尤其在规范缺乏精确性的行政组织法领域。可见,“行政机关”的定位内含更丰富,此时意志表达机关和意志执行机关之间的关系与前述不同。这里更强调行政机关的管理面向、行政事务性面向,包含丰富的管理社会的内容。这并不只是要求官员去完成一件具体的事,而是要求他们作出判断。在这一层面,其与政治功能的联系并没有非常的紧密,其享有较大的裁量空间,不适合国家意志表达机关的严格控制。尤其在全球进入风险社会的背景下,行政机关事务的行政性增强,对行政机关迅速应对社会要求的能力不断增强,而政治功能的控制只会导致行政的无效率。

然而,在理论研究或实践中,人们往往忽视了各级政府第二种职能的存在,坚持严格的形式法治意义的行政组织法律保留理论便是一个体现。“但随着政府活动范围的扩大(主要是行政性而非执行性的扩展),行政事务占有的地位日益显著,以施加控制这种方式处理行政事务将不可避免地产生不良影响。”①

综上,从宪法对各级政府的定位可以区分出各级政府的两种功能面向,不同的功能面向受权力机关的控制程度不同。无论从法律对行政组织规范规定的精确性程度,还是从行政组织设计的政策性面向来看,行政组织法领域并非各级政府严格、单纯地执行权力机关意志的功能面向。在现代社会快速发展阶段,社会问题层出不穷,对行政机关效率效能、行政任务的完成提出更高的要求,毋宁是各级政府享有广泛裁量权的领域,而行政组织的设计、建构是行政机关完成行政任务的组织保障。

---

① [美]弗兰克·古德诺:《政治与行政——政府之研究》,丰俊功译,北京大学出版社2012年版,第66页。

在此需要注意的一点是,“行政任务”属于一个不确定概念,其在不同的行政机关、行政部门下有不同内容,没有一个可以明确界定、理解的含义。将其作为行政组织合法性进路的同时也要避免它的空泛化,给行政机关在组织设计上留下滥用权力的空间,应该将其限定在法规范的明确规定或者通过法律解释方法得出的范围内。

二、“吹哨”机制的行政效能面向——以社会组织学为分析视角

(一)制度环境和技术环境混合影响下的行政机关组织

作为国家机关的行政机关,可以借鉴社会组织学理论对其进行分析。所以在讨论其组织理论时,一方面要从行政组织法视角论证;另一方面也有必要从社会组织学视角对其分析论证。

从社会学家迈耶的新制度主义的基本思想来看,我们应该从制度环境和技术环境两方面分析组织。制度环境要求的是组织的合法性,即要求组织中的纪律环境、文化期待等内容获得人们的认同;技术环境要求组织有效率。总之,组织是技术环境和制度环境混合作用的产物。①

迈耶的新制度主义思想认为,一个组织的发展同时受到技术环境和制度环境的影响,是其混合作用的产物,前者追求效率,关注成本效益分析,后者追求“合法性”。此处的合法性具有广泛的含义,指的是被人们广为接受的社会事实。然而,在法律领域,我们往往倾向于重视组织的合法性一面——此处的合法性是从狭义意义上讲的,指符合法律规范,其中一个核心问题即“合法性机制”的来源。对此,韦伯认为存在三种,即领袖魅力、传统和法律

① 参见周雪光:《组织社会学十讲》,社会科学文献出版社2003年版,第72~75页。

理性[1]之上的认同承认。制度学派建立在第三种权威基础上——而忽视其技术环境下的效率要求。但是,这是一个不容忽视的面相,尤其体现在行政机关的组织理论中,不同于司法机关倾向于追求司法公正,行政机关则是同时兼顾公正和效率,这就决定了行政机关的组织设计是制度环境和技术环境混合影响的产物。在价值上相互矛盾的两个因素便体现在行政机关组织结构和实际运行的些许差异上。“吹哨”机制便是具体体现,一方面,遵循组织法的规范;另一方面,在实际运行中也表现出技术环境的影响。

“吹哨”机制背后坚持的制度理念:其一,权责的合理配合,是法治的基本内涵,是坚持合法性的制度环境;其二,有效治理亦是行政活动的目标。针对前者,按照道格拉斯的观点,核心词汇便是“共享思维”,他认为现代社会的共享思维是建立在功能主义逻辑上的(功利主义逻辑),而若想这种共享思维具有稳定性,其必须建立在合法性基础上,而非不具稳定性的功利性、实用性基础上。他指出,这种思维应该建立在人们都能接受的基本规范之上。[2] 针对后者,从经济学或者组织学视角来看,其坚持的并非一种规范性而是一种描述,更准确地讲,是在寻找组织背后的因果关系。这种研究视角往往与法治坚持的规范性之间存在张力。行政机关作为一种社会组织,但是其存在不同于市场经济下的企业等组织的特点,也不同于市场经济下企业等组织的灵活性,行政机关的组织设计具有法定性。在这个意义上,尽管在行政机关的组织设计上需要考虑技术环境的影响,笔者认为,其前提仍然建立在合法性基础上,合法性因素仍占主导地位。

---

① 参见周雪光:《组织社会学十讲》,社会科学文献出版社 2003 年版,第 78 页。
② 同上书,第 82 页。

综上,以下便是笔者坚持的原则立场:坚持行政组织设计合法性基础上追求行政机关的有效治理。防止本末倒置,用有效治理取代合法治理,用实用性、功利性取代合法性,最终平衡好合法性与有效治理两者的关系。

(二)技术环境影响下的行政组织运行机制

技术环境追求的是组织的效率,其与经济学中的交易成本理论理念一致,追求交易成本最小化。"威廉姆森通过四个概念推导出交易成本理论,进而论证了组织产生的原因。这四个概念分别是有限理性、不确定性和复杂性、人们行为的投机性倾向、小数现象。威廉姆森认为,组织间的关系、组织内部的结构过程、经济活动形式的选择等,总而言之,组织内部或组织间的种种差异都可以从交易成本的高低、形式、特点来加以解释。"①

"吹哨"机制的提出有其特定的背景,离不开其特定的社会治理紧迫性、原有组织设计局限性以及先前采取的联合执法的缺陷。从这三个背景来看,笔者认为,此处"吹哨"机制产生的根本原因是效率要求,即无论是沙石盗采屡禁不止,还是上级行政机关权力与下级行政机关责任的脱节,抑或是原先联合执法的失败,都呼吁着"有效治理",昭示着"行政效率"的缺乏,而行政效率缺乏的根源在于"信息—决策"的分离。在此需要注意的是,"效率"并不是一个孤立的、可以自我完成使命的完整的封闭机制,即并不是简单地将"信息—决策"结合起来,早期的联合执法机制即是在意识到上下级行政机关职责、权力分离的基础上产生的,最终以失败告终便是最好的例证。"效率"的实现是建立在逻辑严密、体系严谨的由多个因素相互作用的基础上的。其逻辑结构为:建立在"信息—决策"分离基础上的"委托—代理—监督—激

① 周雪光:《组织社会学十讲》,社会科学文献出版社2003年版,第35~38页。

励”的一种组织网络关系，具体论证如下。

信息不对称直接导致效率问题。依据我国《行政组织法》的规定，基层治理中存在的问题是责任在属地，但是执法、监管在部门，即职权、职责分离。基层没有执法力量和权力，直接导致掌握信息的基层与作决定的上级部门、行政机关的分离，两者的脱节导致行政执法的无效率，进而导致许多违法行为不能被及时纠正、处理。至此，找到问题的症结所在，首先需要从掌握有效信息的基层作为解决问题的切入点，如何将其与上级行政部门的决策权结合起来，这涉及行政组织内部的结构设计问题，在此可以借鉴社会组织学的相关理论。

上级行政部门享有执行权，而其往往不能发现基层中的问题；而基层处于掌握有效信息的第一线，但是没有执法权。按照有效治理的逻辑，为了更好地解决问题应该由掌握有效信息的基层决策，这一逻辑可以从等级设计的企业中股东委托董事长、董事长委托经理、经理委托部门经理的运作中得到论证，也可以从行政裁量权理论作为行政领域中的核心研究领域中得到论证，这其中贯彻的基本思路即将权力交到掌握更多有效信息的人手中。以这一原则为指导，上级行政机关将吹哨权交给基层，当基层发现问题，通过吹哨，上级行政部门必须下沉到基层解决问题。与之前的组织设计相比，上级行政部门的执法以其发现问题为前提，执法也具有客观上的不确定性、随意性，因为并没有相关的制约机制。但是，“吹哨”机制的设计使基层对上级行政部门形成一种制约，由原来的上级行政部门的执法力量单方性转变成上下级相互制约的双向力量，赋予基层一种召集性权力，这本质上是一种权力的下沉。这一机制设计不同于之前的联合执法，其建构起一个逻辑严密、封闭的自成体系的机制，以及“委托—代理—监督—激励”的一种组织网络关系。权力的下沉在一定程度上可以说基层实现了与上级行政部门对执行权的分享，从这个意义上可以说上级行政部门将其部分执行权委托给基层。两者之间建立起“委托—代理”关系，这一关系是组织经济学中的经典问题，而所有的“委托—代理”问题同时又是激励、监督问题。因为“委托—代理”关系中解决的主要问题便是委托者和代理者的利益、目标一致性问题，①现实情况是双方的利益常常发生冲突，基于此，委托者常常借助激励机制、监督机制使代理者与自身的利益一致。将这一理论套用在公共行政领域中，即上级行政机关作为委托人将部分权力委托给基层，而双方利益可能发生冲突（在此，可以将公民作为根本上的委托人，而上级行政机关是代理人，然后在上下级行政机关关系中，上级行政机关成为委托人，下级行政机关为代理人），为了使双方利益一致需要建立相关的激励机制和监督机制，最终实现基层治理的目标。此处的疑问是，这一理论属于组织经济学领域，是否能适用于公共行政部门呢？首先，行政部门也属于组织学范畴；其次，经济学中的一个重要分支——公共选择理论的一个假设，即公共部门组织的代理人的目标都会与委托人的目标相去甚远。正如塔洛克所言，在寻求最大限度地满足个人私利方面，公务员与其他经济代理人没有任何不同，②否则就不会出现政治腐败现象了。而现代社会关于规范行政机关工作进行的多项工作，如提高行政机关工作透明度、行为责任制、规范制约作用等都可以作为以上论述的例证。

“吹哨”机制中充分体现了激励、监督机制的内容，这也是早期联合执法不同于“吹哨”机制的根本所在。“吹哨”机制被提出之初便对其自身运行进行了严谨的设计，从明确指导思想到坚持

① 参见周雪光：《组织社会学十讲》，社会科学文献出版社2003年版，第195页。

② 参见［美］弗朗西斯·福山：《国家构建：21世纪的国家治理与世界秩序》，郭华译，学林出版社2017年版，第61页。

“底线思维、问题导向”。面对上下联动机制不健全、联合执法机制不完善、监督考核不到位的问题，平谷区政府从保证机制有效运行的内部组织等内容设计出发，坚持“目标管理、责任监督”，即通过分析问题确立执法目标、通过分析目标落实责任清单、在责任清单基础上进行专项督查。最终从坚持“机制优化、制度保障”出发，具体建立了联合执法工作规范，出台了《平谷区联合执法工作规则》，明确了联合执法从召集、运转、督查、考核到问责等工作流程。为保障该机制落到实处，坚持奖罚分明，认真落实监督考核机制，将执法考核与人员编制、工作经费等挂钩，对排名靠后的单位进行“减人、减编、减经费”，将部门与乡镇绑定考核，在赋予乡镇“吹哨权”的同时赋予其“评价权”。①

综上，通过“委托—代理—监督—激励”的逻辑将上下级行政机关联系在一起，不同于之前的类似于走过场的、形式意义的联合执法，“吹哨”机制则抓住这一逻辑中的核心问题——“利益”；不同于之前联合执法将每个人作为一个孤立的个人，不存在对个人行为的制约因素，导致一个松散的组织结构，“吹哨”机制将“利益”置于核心地位，将人员置于一个关系网络中，这个网络中的个人不再是一个个孤立的人，其行为内嵌于这个关系网络中并由这个关系网络决定。进而，在一个共同的目标指引下，实现了“利益—目标”的统一。

---

① 参见《乡镇吹哨，部门报到》，载百度文库网：https://wenku.baidu.com/view/c695b114dcccda38376baf1ffc4ffe473268fd7a.html，2019年10月28日最后访问。

第四章　“吹哨”机制实现了行政组织法定原则和网格化组织的统一

杨　丽*　李佳栋**

党的十九届四中全会提出，优化行政组织，健全部门协调配合机制，继续探索实行跨领域、跨部门综合执法，提高行政执法能力水平。① 而作为行政机关组织形式设计原则的科层制存在管理僵硬化特点，为打破这种限制，构建基层社会治理新格局，必须推行网络化管理和服务，推动执法重心下移、资源下沉。北京市平谷区的“吹哨”机制在坚持行政组织法定原则基础上，以问题为导向、在党组织领导基础上实现的

---

* 中国人民大学法学院 2018 级博士研究生。

** 中国人民大学法学院 2018 级硕士研究生。

① 《中共中央关于坚持和完善中国特色社会主义制度推进国家治理体系和治理能力现代化若干重大问题的决定》，2019 年 10 月 31 日中国共产党第十九届中央委员会第四次全体会议通过。

多部门协同系统治理的执法方式，在坚持科层制行政组织设计原则基础上增加了网格化组织因素，是基层社会中系统治理思维的体现。

第一节 “吹哨”机制符合行政组织法定原则

在行政组织形式合法性在建构行政组织法理论存在局限性的背景下，将行政任务为核心形成的治理有效性作为行政组织建构合法性、正当性的新面向是必然趋势。进而，实现这一趋势的方式是，承认下位阶法规范在坚持行政法律保留原则的基础上以实现行政任务为目标最大限度地创新行政组织设计的权力。

一、“吹哨”机制的合法性面向

“吹哨”机制作为北京市平谷区的一项关涉行政组织的创新机制，明显没有上位法的明确规定，而且该机制中的基层的“吹哨权”、上级行政部门权力下沉、乡镇对上级行政部门执法的评价考核权力等元素，不可避免地会引起人们对“吹哨”机制合法性的质疑。现依据本节的论述逻辑对“吹哨”机制的合法性论证如下。

以上论证了行政组织设计应该坚持民主正当性和行政效能两大原则。理想的立法状态是在法律对行政机关组织设计进行了原则性规定后，行政法规以及下位阶的法规范对法律规范进行细化规定，并且，这些规定与社会治理现状相符，能够满足行政机关有效治理的目标。然而，事实证明两者之间存在差距，法规范的不足导致行政机关有效治理的困难。

笔者认为,解决方式在于将现实治理需要作为出发点,在坚持行政组织法律保留原则基础上,以行政组织决定的重要性为标准,最大限度地承认下位阶法规范对行政组织的设计权。此处的难题便是行政组织决定的重要性判断标准。在德国,"国会制定的法律对行政组织而言一直都扮演着独特的、从不完全确定的角色。行政组织而无法律之建构性及安定性功能是不可能的,而法律在此也是透明度的担保及民主正当性的中介。对于个别与基本权重大相关的组织决定而言,一般依据制度法律保留之理论判断。以组织决定的重要性为标准,皆必须以法律规定。以功能私营化为例,何种情形需有法律之基础,应视所转移任务之种类以及整体行政组织结构受侵袭之强度与范围而定"。① 在此,重要性标准,一方面支配了法律应自行作成的"制度的规范最小值";另一方面也是组织法法律保留的除外部分,属于行政机关的自行决定领域。在日本,其组织规范的全体呈现"法律—政令—省令—训令—通知"这样的层级性构成。一般来说,下位规范对于上位规范,具有将组织细分化的作用。需要注意的是,"组织规程(省令)以下的形式,并未采取作为其各自的上位规范的细目规范的委任形式。这表明:行政权非国会委任的,而是作为自己的组织形成权的内部事项予以规定的,此为共识。"②这可以被看作在省令形式的组织规范以下,行政厅进行的组织细目规范属于一种"自然权",无须上级行政厅的委托,这在一定意义上等同于行政裁量权。行政裁量权即被认为是行政机关的自然的权力,伴随行政机关的执行权产生。由上可知,在日本,不同于行政作用法上的法

① [德]施密特·阿斯曼:《秩序理念下的行政法体系建构》,林明锵等译,北京大学出版社2012年版,第239~240页。

② [日]盐野宏:《行政组织法》(第3版),杨建顺译,北京大学出版社2008年版,第10页。

律的法规创造力理论，从组织规范现状看并未形成前者的那种“金字塔”体系。其原因在于，后者并非私人的自由及财产对国家权力，特别是行政权的防御，而是行政组织的民主控制性问题，①赋予了下级行政组织设计上的裁量权。

笔者认为，如同在行政行为法规范领域，在行政组织规范领域内，在遵守法规范位阶前提下，也应该承认下级行政机关对上位法的规范细化权力。这里存在的困难是，如何判断下位法未违反上位法，如何确定细目规范的范围、内容。对于组织决定重要性的判断标准问题，具体的内容需要作更深入的研究，在此仅从最明显的、最易判断的层面看。我国《地方各级人民代表大会和地方各级人民政府组织法》（以下简称《地方组织法》）第 64 条第 4 款规定，市辖区人民政府的局、科等工作部门的设立、增加、减少或者合并，由本级人民政府报请上一级人民政府批准，并报本级人民代表大会常务委员会备案。依据该法律的规定，只有存在工作部门的新增、减少、合并时才需得到上级政府的批准。反之，若仅是工作部门之间基于解决现实问题的部门联合并不需要得到上级政府的批准，这是属于区政府的自行决定事项。当然，政府组织设计的自行决定权并不具有随意性，其主要受到行政任务的约束。此即，如同行政作用法领域中在一定条件下赋予行政机关之行政裁量权一样，笔者认为，在行政组织领域中下级行政机关也享有行政组织设计的裁量权，而其必须坚持的原则是以上位行政组织法中蕴含的行政任务为界限。

职权与职责的统一是行政法应该遵循的原则，这是保证行政任务实现所不可缺少的。以权责合理配置设计为核心内容的“吹

---

① 参见［日］盐野宏：《行政组织法》（第 3 版），杨建顺译，北京大学出版社 2008 年版，第 11 页。

哨”机制实现了职权与职责的实质意义上的统一。然而，从这一机制的设计内容上来看，不得不承认其与传统的行政法相关理念存在些许出入。例如，建立在理性层级制基础上的行政机关之间是领导与被领导关系，上级行政机关领导、监督下级行政机关，后者在层级制设计理念中仅是服从上级指令的定位。在“吹哨”机制中，区政府的职能部门下沉到镇一级，执法权的启动受到镇一级“哨声”的制约，而其实际执法效果的评价考核权掌握在镇一级政府手中，由此，下级行政机关在一定意义上对上级行政机关部门的执法形成了一种制约。随着“吹哨”机制在实践运用中取得显著社会效果，其在规范意义上不断完善，建立了金海湖管委会和综合执法中心这些新的行政执法机构，但是这些内容和举措很明显缺乏上位法规范的支持。然而，笔者认为，这些设计并没有从根本上对行政组织相关规定造成实质意义上的冲击。其一，从“吹哨”机制创设的初衷来看，其主要是在基层治理失效、基层法秩序混乱的背景下，为了有效打击违法行为，实现基层有效治理。该机制运行以来取得的法效果便是有力的例证，从这一点来看，该机制设置符合行政组织设计的治理有效性面向。其二，该机制中新的执法机构的设立以及运行机制并未造成下位法违反上位法的局面。首先，《地方组织法》中所规定的增设工作部门需要得到上级政府的批准，其指的是出现新的性质的工作部门，从实现功能视角看，这一部门不能被包含在原先已有的部门中。但是，“吹哨”机制下设立的新的执法机构并不是功能上新的创设，而仅是为了执法效果的实现，对原先执法部门的一个形式上的整合，并无职能上的改变以及职权上的赋予。其次，基层政府享有的“吹哨权”并非一种包含“实质权力内容”的权力，对其内涵进行解读便知。基层若发现问题，通过“吹哨”召集上级行政部门权力下沉解决问题，在这种意义上其所行使的仅是一种“召集权”，倾向于一种形式意义上或程序意义上的权力。最后，关于基层政府对上级行政部门执法的考核权，仅属于一种基层政府对上级行政部门执法的消极意义上的监督权，一种对上级行政部门执法质量的监督。

“吹哨”机制下的系统治理，既不同于形式上的联合执法，也不同于简单的上级政府权力下移。就此角度而言，该机制能够有效缓解职能权限在上下级政府之间“一收就死、一放就乱”的张力，兼顾上级统一决策部署和基层社会有效治理的需要。无论是赋予基层乡镇党支部以“吹哨权”，还是依托基层组织建立管理委员会和综合执法中心，都不是简单地将部门地执法和管理权限下放。在这一机制下，环保、安监、国土资源等多个领域的执法权限仍然由相对应的上级职能部门所掌握，只是在执法和管理资源的调度使用过程中，让贴近问题第一线的基层乡镇掌握开启的主动权，即时向综合执法部门反映矛盾和问题，也就是所谓的“吹哨权”。与治理问题相关的多个职能部门在基层“吹哨”的情况下，能够依照综合执法的工作机制和权责清单快速下沉至基层一线开展工作，协同解决问题。

究其本质而言，“吹哨”机制是将上级政府的法定职权和基层政府的信息资源优势结合起来，在上级政府依然掌控执法权限的情况下优化行政组织、减少行政层级，确保基层信息能够及时传递给职能部门，以基层的信息指引上级政府执法权的使用。此种制度设计对科层制政府组织结构本身进行法律框架内的优化：一方面，能够避免上级部门收紧权限导致“看得见、摸得着，无权管；有权管，看不见”的错位，防止上级统一决策对基层治理有效性的削弱；另一方面，能够避免权力下放造成“一放就乱”的现象，防止基层治理活跃性增强对上级政府统一决策的削弱。由此，有助于“理顺中央和地方权责关系，加强中央宏观事务管理，维护国家法制统一、政令统一、市场统一”。①

二、“吹哨”机制的行政效能面向

“吹哨”机制是在行政任务急需完成的背景下产生的。该机制产生的背景便是，金海湖镇基层治理的失效，金矿盗采现象严重、金海湖旅游景区内黑导游、黑游艇、野钓等行为以及对生态环境影响巨大的马岛、山水文园工棚等违建行为的存在。早期，当地政府为解决这些问题采取了联合执法的方式，但是过去传统形式上的联合执法存在联而不合、互相推脱的问题，不能从根本上有效应对基层治理的难题，也不能从根本上缓解基层治理能力的危机。传统的联合执法之所以存在上述问题，主要是受制于权力和责任的分离。在权力仍然集中于上级政府、责任下沉至基层政府的情况下，即便建立联合执法机制也仅是打通上级职能部门之间的障碍。上级部门和基层政府在处理同一问题时仍然适用不同的考核评价体系和归责标准，上级和基层就无法在治理中达成利益目标的一致，而是互相追逐各自的利益最大化，为上级部门所掌控的资源也无法真正有效地投入基层治理实际问题的解决中。这种情况下，就需要明确街道和乡镇治理中问题集中的主要领域，以该问题领域为中心，以该地区基层政府组织为主导，整合与本地区内治理问题相关的执法和管理资源，建立常态化和稳定化的联合执法机制，“推进机构、职能、权限、程序、责任法定化，使

① 《中共中央关于坚持和完善中国特色社会主义制度推进国家治理体系和治理能力现代化若干重大问题的决定》，2019 年 10 月 31 日中国共产党第十九届中央委员会第四次全体会议通过。

机构设置更科学、职能更优化、权责更协同。”[①]以北京市平谷区金海湖镇为例，本地区产业发展以金海湖旅游景区为依托，而旅游景区的建设开发和维护会牵涉一系列国土资源画线、环境保护、土地拆迁相关的问题，各种规制难题集中出现，对景区的有效治理依托于多种形式规制资源的充分利用。因此，单纯采取各上级职能部门下到乡镇调研式样的联合执法仍然可能存在执法形式化的问题，不能保证在治理过程中排除部门利益的影响。应对此种现状，需要赋予基层乡镇以执法资源调度上的主导权，在景区建立管理委员会和联合执法中心，从组织和机构层面讲多部门协同联合执法的机制通过明确的责任清单、办事流程做制度化、规范化处理，且以治理问题集中体现的景区为核心设立规制组织，也能够保证执法和管理资源能够有针对性地发挥作用。以基层党政组织为依托，赋予基层在执法资源调度中的主导权，建立一种制度化、常态化的联合执法系统治理机制，能够避免传统联合执法机制形式化的问题，进而实现规制资源在规制空间内更充分的整合。基层治理的失效，使当地政府对现有行政组织设计机制开始反思并发现早期的联合执法并未形成一种治理常态化并运行严密的机制，不仅没有解决镇里的问题还造成了执法资源的浪费。在这种紧迫情况下，为了实现基层的有效治理，“吹哨”机制产生。而实践证明，“吹哨”机制运行取得了很好的社会效果，在合理的权责配置体制下，行政机关完成了基层有效治理的行政任务，实现了职权、职责、行政任务的统一。

综上分析，“吹哨”机制在基层组织建构设计上的“创新”并没有从根本上侵蚀行政组织法构造，其仍然在区政府所享有的细化

---

① 《中共中央关于坚持和完善中国特色社会主义制度推进国家治理体系和治理能力现代化若干重大问题的决定》，2019 年 10 月 31 日中国共产党第十九届中央委员会第四次全体会议通过。

上位行政组织法规范的权力范围内，属于区政府的行政组织自主决定范围。

第二节　网格化组织因素基础上的“吹哨”机制

建立在科层制基础上的行政组织形式，尚存在基层治理的僵硬化和低效率等缺陷。基于此，平谷区政府以切实解决治理难题、完成行政任务为目标，“创新”基层行政组织形式，增加网格化组织因素。其主要表现为以根本上实现上下行政机关部门间的联合执法为目标，充分发挥党组织在基层治理中的作用，赋予乡镇党组织“吹哨权”的同时赋予基层政府考核评价权，形成了一个运行自成体系的制度设计，实现了上下级行政部门联动执法，增加了下级政府向上级行政部门的信息反馈的因素。茅山后村“佛见喜梨”农产品的推广和规模发展亦得益于村委会“吹哨权”的行使，上级相关政府部门下沉到茅山后村共同商议该村的农业发展问题，这切实体现了基层社会治理中的公众参与理念。该机制的制度设计以及运行效果都体现了系统治理思维，打破了以科层制原则为基础的行政组织形式下的社会治理形式。

一、重塑规制空间

规制空间理论认为，所有为有效控制所必需的关键规制资源碎片化地分布于多个不同的部门和领域。法律上的规制权限只是规制资源的一种，仅有规制权并不能保证有效治理，“要占有规制权并有能力实施规制，就需要有相关的资源，而资源呈现分散化或者碎片化的样态，这些资源不限于立法权等正式的国家权力，还包括信息、财富和组织等方面的能力”。[①] 在一个行业或者地域空间中，对该空间内事项进行规制所需的资源为不同的主体所控制，良好的制度设计就需要利用并发展这种分散化的资源，以支持规制制度中公共政策目标的实现。因此，若要实现有效的规制，“就不能仅仅关注某一个单一组织，而应当将视野扩展至规制空间中所有规制资源与主体关系”。[②]

而基层乡镇和街道，就是一个典型的、汇集了多个专业领域和多种规制资源的规制空间。以北京市平谷区金海湖镇为例，该镇汇集了矿产资源开发、旅游景区管理、自然环境保护、水利工程建设、农村征地补偿等诸多领域的管理事项，向上涉及环保、安监、国土资源等多个职能部门体系，而监管部门的“多条”又都汇聚到金海湖镇“一块”。政府机构的“条块”以及参与本地区开发的其他社会主体掌握着不同的权限和资源，共同参与对金海湖镇的规制过程，形成一个资源分散、体系复杂的规制空间。如何在这样的空间中充分调动利用各种形式的规制资源，保证各治理主体能够协同且有序地参与治理过程，是以金海湖镇为代表的全国范围内许多基层街乡面临的治理能力难题。面对基层治理存在的权责不一、供求不配等问题，北京市平谷区的治理实践催生的“街乡吹哨、部门报到”尝试突破传统资源整合、权力下放等做法的局限性，在基层乡镇重塑协调有序的规制空间。

在开展“双安双打”工作和建立“双吹哨”机制之前，金海湖镇的基层治理面临矿业执法、环境整顿、治安维稳等多领域的难题。面对上述现状，平谷区政府坚持问题导向、系统治理的原则，将金海湖镇作为“双安双打”工作的试点，并在此基础上建立“街乡吹

---

① [英]科林·斯科特：《规制、治理与法律：前沿问题研究》，安永康译，清华大学出版社2018年版，第31页。

② 同上书，第32页。

哨、部门报到”制度，要求16个职能部门下沉到乡镇。以金海湖风景区为例，为整顿旅游景区中的违搭违建、环境污染等问题，由区发改委、区水务局等21个单位作为委员单位，其主要领导为管委会委员成立了金海湖管委会，在组织建设基础上，明确“排停罚改拆”的库区综合整治总体思路，通过摸底排查，建立问题台账和执法台账，改变了库区多头管理的状况。管委会可以其组织构成和法定职权，整合执法资源和执法力量，明确相关各职能部门的权责，针对重点问题实施牵头执法。通过金海湖管委会和综合执法中心等组织的设立，金海湖镇实现了归集整合分散于各部门的规制资源，在执法和管理的问题上打破政府部门之间、上级政府与基层政府之间的区隔。并且，实践中能够将不同部门的职责明确化、规范化，从而保证执法合作机制能够常态化、稳定化地存在，建立起以问题为导向、各方面规制资源充分利用的规制空间。

二、建立网络化规制体系

构建良性规制空间不仅需要对资源的集中和整合，还有赖于多个规制主体之间能够互联互通、协同配合，打造多领域协调共建的规制体系。部门和机构有各自的利益倾向，但是实际治理中的问题不会只牵涉某一个独立的领域，而是注定要呈现多个领域问题交错的态势，对任何一个事项的管理活动都会是牵一发而动全身。党的十九届四中全会《决定》指出：“构建基层社会治理新格局，需要健全社区管理和服务机制，推行网格化管理和服务，发挥群团组织、社会组织作用。”因此，若要破除传统资源整合、联合执法的固有局限，就需要从组织上优化上级政府到基层政府的信息传递结构，不能仅是单向的上级为基层设定目标、授予权限、考核评价，还应当赋予基层以主动权，使其能够针对具体问题调度执法管理的资源，并对上级职能部门的法律与服务供给进行评价反馈。

在“吹哨”机制实施前，面对权责不一致的情况，各部门之间的执法资源整合、联合执法更多地表现为一种形式意义上、走过场的执法方式，不能从根本上解决问题。造成以上现象的重要原因便是缺乏规范的、体系的联合执法机制，这直接导致未从规范意义上对执法人员的执法行为形成约束力，使其执法行为涣散、形式化。正是看到以往执法机制存在的问题，“吹哨”机制在设计之初便把执法人员职责、问题清单、工作运行机制、考核、绩效等内容作为一项重要部分进行规定，从制度上形成了一个严密的、规范的权责体系，约束执法工作人员的执法行为。从该机制制度设计视角看，以金海湖镇综合执法中心为例，执法中心由各执法部门、镇政府职能科室组成，实行席位制，动态管理。执法中心建立信息系统平台，综合指挥金海湖地区执法问题隐患的收集、分派、执法、反馈和考核，对接区级信息平台，多网融合，实现基层治理网格化。基层只要“吹哨”就能唤来相关职能部门的“报到”，与基层一起解决问题，“事不完、人不走”；在赋予乡镇“吹哨权”的同时也赋予其“评价权”，对排名靠后的单位进行“减人、减编、减经费”，将部门与乡镇绑定考核。因此，“街乡吹哨、部门报到”体制基础上的综合执法制度一改科层体制下上级政府单向指挥基层的局限，真正实现了上级职能部门与基层政府同使权力、同担责任、共同解决问题，强调基层在法治建设中应当承担的职责，同时又通过层级“吹哨”机制实现上级、下级在执法权力和执法责任上的结合以保证相关的问题的根本解决。从而，“推动社会治理和服务重心向基层下移，把更多资源下沉到基层，更好提供精准化、精细化服务”。[1]

通过以上对关于行政组织设计相关内容的论述，本节可以总结为两方面：其一，法律领域中的利益的人为同一原则以及组织理论丰富且复杂，但大量的理论都围绕单一核心问题，即裁量权。组织理论的难题是效率要求对决策方面的裁量权，应该于多大程度上赋予下级行政机关行政组织形成权是一个仍然需要深入研究的课题。其二，行政组织设计作为一个偏向于政策的问题，其往往随着社会环境的变化而调整，从这个意义上讲，行政组织法律保留原则不应该被全然禁止；同时，不同于行政行为理论对行政行为的类型化，行政组织设计功效的发挥是建立在多个因素组合基础上的，并没有典型的“运动规律”，其真正的发展最主要还是依赖组织成员以及成员自行发展出的行为实践。基于此，我们应该允许行政组织实践中“先驱者”的存在。[2]

① 《中共中央关于坚持和完善中国特色社会主义制度推进国家治理体系和治理能力现代化若干重大问题的决定》，2019 年 10 月 31 日中国共产党第十九届中央委员会第四次全体会议通过。

② 参见［德］施密特·阿斯曼：《秩序理念下的行政法体系建构》，林明锵等译，北京大学出版社 2012 年版，第 241 页。

第五章 从“管理哨”到“发展哨”革新治理理念

李佳栋[*] 杨 丽[**]

基层治理存在的诸如治理能力欠缺、科层制组织与治理有效性的紧张关系等问题,这种如治理能力的欠缺及其背后的组织结构矛盾也正是“街乡吹哨、部门报到”机制产生的背景和它所要回应的现实需求。而该机制自产生起就在基层治理的实践中接受检验,也逐渐从实践中积累经验和总结问题,从而不断调整完善自身。正因如此,“双吹哨”机制能够回避克服传统基层治理改革方式的不足,实现对基层治理组织结构本身的优化。而在组织优化外,该机制也在实践中完成了行政治理理念的转变,能够顺应基层治理的现实需求,从秩序和管理的理念向服务和发展的理念

---

* 中国人民大学法学院2018级硕士研究生。
** 中国人民大学法学院2018级博士研究生。

过渡,不断扩大自身的适用场域,进而为基层社会更长远的发展提供制度支撑。

第一节　从秩序行政到服务行政

一、秩序行政及工具理性

行政学家张康之将行政管理分为统治行政、秩序行政和服务行政三种基本类型。[①] 其中,秩序行政是指管理组织和管理对象均呈科学化、体系化、类别化特点程序的治理样态,是随着政治与行政的分离、行政管理的技术化和专业化的过程而产生的。近现代以来科学技术的进步和生产力的发展,人类社会所能够创造的物质财富大大增加,随之而来的人口膨胀和世界市场体系的形成所产生的结果是,社会生产分化出精细化的专业领域而这些领域又前所未有地紧密联系、相互依存。此种层面的社会变迁无疑给社会治理带来全新的任务和挑战,建立在传统型权威和经验性治理基础上的统治结构面对社会变革时表现出明显的无力。应社会治理转型的要求,国家治理与日常行政管理开始分化为相对独立的态势,国家治理需要数量越来越庞大的日常行政事务管理者来维系,制度化且大规模的官僚组织出现并成为社会治理工作的主要承担者。同时,随着近代科学理论的发展与科学体系的成熟,以自然科学研究路径和逻辑为基础的科学理性向社会各领域弥散。正如当时法律学科研究的实证主义趋势一样,受到"相邻

① 参见张康之:《寻找公共行政的伦理视角》,中国人民大学出版社2012年版,第22页。

学科那种足够系统和科学根基的影响”，[1]行政管理也朝科学化、技术化的方向发展，表现为行政管理开始为自己构建一个相对封闭的运作场域，并发展出一套专业性的话语体系。秩序行政时代的行政管理呈现这种专业化、技术化的发展，相较传统权威下的统治型行政，无疑更能适应急剧变迁的社会结构，也应当被看作一种进步。

但是，秩序行政也因其专业性、技术性、价值中立的特点而存在一些局限。“当行政管理成为一种技术性事务，它就会如同自然科学追求精确性那般，以机械性效率为目标，因而，行政管理就在事实上转变为对行政管理内部规律性的寻求上。”[2]这种科学理性的渗透确实在一定程度上保证了行政管理工作的精确和规范，也确实做到了较客观的价值中立，但极度理性化的行政也会导致道德冷漠。“工具理性作用下的行政工作注重实际效果，并把结果作为判断事物合理性的唯一标准，这样导致的结果就是社会事务的物化”，[3]基层社会治理中所有鲜活的现实问题，投射到行政部门的视野中都只是相关的数据和指标体系。这种对行政管理工作去价值化的制度设计也使行政工作失去了道德判断。但社会群体也是由个体的人组成，终究不同于作为科学研究对象的物，以人为管理对象的行政活动不应当丧失对道德和价值的追求。

工具理性渗透下的秩序行政也意味着责任的碎片化，科层化的政府组织和行政管理的专业领域划分将复杂综合的社会问题拆解为一个个孤立碎片化的目标，每一个政府层级和职能部门都

① ［英］马丁·洛克林：《公法与政治理论》，郑戈译，商务印书馆2013年版，第32页。

② 王锋：《走向服务型政府的行政精神》，商务印书馆2018年版，第131页。

③ 同上书，第152页。

只是作为行政管理链条上的一个环节，它们所要达成的目标不是现实问题的解决，而是其所负责领域内碎片化的任务。这种行政体制“非常有效地把‘对什么负责’替换成了‘对谁负责’，把对行为影响的对象负责替换成了对上级负责”。[①] 职能碎片化和责任碎片化易导致的后果是，不同层级不同部门的政府机构之间在某一问题上发生权力与责任的错位，出现如我国基层乡镇治理中“看得见、摸得着，无权管；有权管，看不见”的现象。而基层治理，如上所述，是一个复杂的体系工程，也是一个依赖多领域规制资源的规制空间。同时，由于我国国家治理规模的庞大，基层政府组织又处在科层制组织体系的末位环节，经过若干道政府层级的筛选和过滤，资源、权力和责任在基层组织的层面上呈现最明显的碎片化、分散化特点。对基层治理的探索，应当尽可能在实现科学化、精细化管理的基础上，跳出秩序行政的思维，坚持以人为本的系统治理。

二、服务行政及人本理念

如果说秩序行政的理念是伴随工业大生产的时代到来的，那么，服务行政的理念可以说是后工业化时代所催生出来的。事实上，后工业化精神和工业化进程可能同时存在于今天的发展中国家，因此，服务行政的理念对中国的社会治理来说不应当是一个遥远的目标，而可能是即将到来的转型。当工业化、城镇化发展到达一定的阶段后，生产关系会呈现一定的后工业化特点：多元主体的多元化利益、多元文化与多元价值观念、集体意识中张扬的个体意识等。“后工业化社会是服务关系占主导地位的社会，

---

① ［英］齐格蒙特·鲍曼：《流动的恐惧》，古蕾等译，江苏人民出版社2012年版，第97页。

服务关系成为社会的主导性关系，成为标识人与人之间主要属性的核心关系。根本原因就在于，后工业社会中个人基本权利从整体上得到基本实现之后，个体所主要面对的是平等的自由权利，这种自由权利是实质性的自由权利，是为了满足个人自我实现的需要。”[①]受益于工业化的发展成果，人民的生活水平已经有了明显的提高，各项基本权利，尤其是经济社会权利已经得到极大的保障，能够免于物质匮乏导致的风险和恐慌。在此条件下，人民对生活的需求从物质条件转向精神享受和自我价值的实现。“在这个意义上，社会的结构关系包括行政管理都要进行重构，这种重构的核心就在于如何满足后工业时代人们的多样化需求。”在这个重构过程中，政府及行政管理的重要性不是降低了，而是增强了，政府在社会治理中扮演的角色必须从管理走向服务，在服务中实现自己的价值，以自己的存在促进社会的整体发展和人的全面发展。

如党的十九大报告所指出：“当前我国社会的主要矛盾已经不是人民日益增长的物质文化需要同落后的社会生产之间的矛盾，而是人民日益增长的美好生活需要与不平衡、不充分的发展之间的矛盾。”[②]党中央对我国现阶段社会主要矛盾的把握和认识充分说明，作为发展中国家的中国在当前的社会治理中已经遇到工业化向后工业时代转变、前工业化与后工业化并存的问题。当少部分地区仍然面临脱贫攻坚的任务时，还有部分地区已经进入由物质需求到精神文化和价值需求转变的进程中，需要政府在社会治理中完成从秩序供给到服务供给的转变，完成从秩序行政到

---

① 王锋：《走向服务型政府的行政精神》，商务印书馆2018年版，第152页。

② 参见《决胜全面建成小康社会　夺取新时代中国特色社会主义伟大胜利》，习近平代表第十八届中央委员会于2017年10月18日在中国共产党第十九次全国代表大会上向大会所作报告。

服务行政、从管理到治理的转变。这意味着基层的行政管理活动需要坚持以人为本的理念,以服务保障每个公民的全面发展为任务和目标,也就促使基层管理的工作者们去思考如何在实现经济发展的同时,实现人与人、人与社会、人与环境的协调共存。这种转变,要求基层的政府组织由管理型、秩序型政府向发展型、服务型政府转变,而"街乡吹哨、部门报到"机制也正是遵循这一脉络在实践中不断完善丰富自身内容。同时,构建服务型政府的目标也为"街乡吹哨、部门报到"制度设定了在未来的治理实践中继续发展完善的方向。

第二节　以服务型政府理念促发展

一、国家治理能力现代化的要求

若要完成从秩序行政到服务行政、从行政管理到社会治理的转变,就需要不再单纯地追求经济增长,而是把人作为社会发展的目的,就需要超越秩序行政的工具理性并找回管理行政中缺失的人文关怀和伦理精神。可以说,国家治理体系和治理能力现代化的过程,就是这样一种行政伦理精神复归、由经济发展为导向转为以人的发展为导向的过程。"它解构了西方政府理论中政治—行政二分的价值观,将政治价值融合在行政价值之中。"①

2006 年,党的十六届六中全会通过了《中共中央关于构建社会主义和谐社会若干重大问题的决定》,提出了"建设服务型政府,强化社会管理和公共服务职能"的任务,将服务型政府建设作

---

① 谢新水:《从服务型政府到人民满意的服务型政府:一个话语路径的分析》,载《探索》2018 年第 2 期。

为建设和谐社会的重要举措。党的十八大报告指出:“要按照建立中国特色社会主义行政体制目标,深入推进政企分开、政资分开、政事分开、政社分开,建设职能科学、结构优化、廉洁高效、人民满意的服务型政府。”①党的十九大报告指出:“转变政府职能,深化简政放权,创新监管方式,增强政府公信力和执行力,建设人民满意的服务型政府。”从党的十九大报告再次将“人民满意”作为服务型政府建设的目标和评价标准可见,执政党对治理体系和治理能力建设提出了以人为发展目的的要求,其背后正是对工具理性主义的超越以及行政伦理精神的复归。因此,如何在新时代的基层治理中完成从秩序行政、管理行政向发展行政、服务行政的转变,不仅是对行政管理理论的遵循,还是国家治理体系与治理能力现代化这一伟大工程所提出的艰巨任务。

二、平谷区的实践经验及其启发

从最开始的“双安双打”工作以集中执法资源、查处违法行为为内容,到后来升级为“双吹哨”体制并建立金海湖管委会和金海湖景区综合执法中心等组织,再到后来“街乡吹哨、部门报到”机制向其他领域的扩展适用,在实践中经过一系列的优化升级过程,该机制实现了从“执法”到“管理”,再到“发展”的理念转型,实现了从秩序行政到服务行政的功能转变。以金海湖镇的采矿业整顿和景区治理为例,“街乡吹哨、部门报到”机制在组织建设基础上,明确“排停罚改拆”的库区综合整治总体思路,通过摸底排查,建立问题台账和执法台账,对排查过程中发现的问题及时制止,现场关停;对违法行为现场处罚,加大违法成本以罚促整,

---

① 《坚定不移沿着中国特色社会主义道路前进为全面建成小康社会而奋斗》,胡锦涛代表第十七届中央委员会于2012年11月8日在中国共产党第十八次全国代表大会上向大会所作报告。

这一整顿过程就是一个较为成功的秩序行政案例。而以金海湖镇茅山后村的产销结构优化为例，针对茅山后村的发展问题，村级吹响了“哨声”，召集了十几个区级部门在茅山后村召开了两次会议，讨论研究茅山后村“三农”综合体建设方案，结合区级“三农”优惠政策套包和综合服务中心的建立，实行全链条、全环节、全要素的“三农”服务，打造茅山后村“三农”工作示范区，破解了“三农”发展中的难题和山区农民增收致富问题，带动镇域内村级产业发展，使农产品变成商品、农民成为真正的投资主体。事实证明，“街乡吹哨、部门报到”体制有效解决了多年来本村农产品发展中存在的难题，直接实现了本村产业发展、农民增收。而茅山后村的案例就是“吹哨报到”机制帮助基层反映公共服务资源需求，督促相关职能部门有效履行服务型政府职能的体现。

整体而言，今天的中国基层治理面临前工业化问题与后工业化问题并存的发展现状，而作为首善之区的北京，必然在治理理念遭遇的严峻挑战面前首当其冲，必然要率先探索和引领服务型政府的建设，引领从秩序行政到服务行政的全面转变，引领依法治理与系统治理的有机结合。从平谷区“吹哨”机制适用的一系列案例可以看出，良好的基层治理机制既要解决好秩序行政时代就已经存在的老问题，也要有能力解决好服务行政时代提出的新问题。基层治理能力的现代化将是国家治理能力现代化的基础和先声，这意味着基层治理要经历从组织优化到理念转变等一系列的革新过程，处理好依法治理与系统治理的关系。而这也对“吹哨”为代表的基层治理创新机制提出了新的要求，要在基层一线的实践适用中顺应经济社会发展的趋势，不断调整和完善自身的工作机制以回应人民群众的现实需求，以组织机构的优化促依法治理的实现，以治理系统的完善促服务型政府的建设，以服务型政府理念的深化促基层治理能力的提升。

三、“吹哨”机制的实践逻辑：自治、德治、法治的具体落实

在战略层面，“吹哨”机制形成了一种以依法治理为中心，以系统治理、综合治理、源头治理为框架的治理机制。但是，这样一种框架治理秩序如何转化为制度动力层面的具体落实，也即在法律规范的基础上，以何种方式将依法治理、系统治理、综合治理、源头治理具体落地，既事关学理上对“吹哨”机制在原理层面研究的全面性和完整性，也事关实践中对“吹哨”机制的进一步发展和革新方向。

党的十九大报告指出，要“健全自治、法治、德治相结合的乡村治理体系”，党的十九届四中全会《决定》进一步指出，要“健全党组织领导的自治、法治、德治相结合的乡村治理体系”，因此，“吹哨”机制的核心在于在法治赋权、厘清权责基础上做实做强基层。“吹哨”机制通过发挥基层党委领导核心作用，使其成为统筹区域治理、有效连接各方、协调指挥有力的坚强“轴心”，并将德治、自治、法治贯穿于依法治理、系统治理、综合治理、源头治理中，实现“民有所呼，我有所应”的新型基层治理格局。

我国《宪法》明确规定了“基层群众自治制度”，党的十九大报告也强调要一如既往地坚持和完善基层群众自治制度。但是，自治并非没有边界和方向，“吹哨”机制探索的一条党建引领下的基层自治在社会治理中如何发挥功能的路径，可以说是具有典型性和示范性的。以北京市东城区探索的“小巷管家”为例，以当地社区和单位中的党员为“主力军”的“小巷管家”队伍，对各自认领的街乡进行日常寻访和环境建设，劝阻一些不文明行为，反映各街乡长期没有解决的痼疾。其中，有的“小巷管家”反映了街乡排水系统老化问题，也有的反映了共享单车特定时段乱停乱放的问题，还有的反映了街乡公厕规划设计不合理的问题，等等。这些

问题都是特定行政部门在日常的行政管理中力有不逮,缺乏足够的信息触角所能掌握的信息。而“小巷管家”能够发现问题和收集群众意见,成为一个在更宽领域、更深层次上激活社会自治活力的中心枢纽;同时,在“吹哨”机制下,多个相关部门前来“报到”,共同解决了基层治理的“最后一公里”的问题,人民群众在这一过程中将对美好生活、便利生活的向往兑现,基层党组织在这一过程中赢得了群众认可,进一步打牢了基层党组织的群众基础。自治贯穿于依法治理、系统治理、综合治理和源头治理的全过程,通过自治将“四个治理”的基础打牢做实,牢牢把握党建引领的龙头,释放基层群众治理的活力,将“吹哨”机制扩展为“重多元参与”的新格局。

国家治理体系和治理能力现代化必然体现为一种“德法共治”的格局,实现一种“法安天下,德润人性”的制度理性和制度德性。在依法治理、系统治理、综合治理、源头治理的治理体系中,德治是一种重要的推动力,原因在于德治既联系着风土人情,也提升了治理有效性。乡村治理的现代化是实现国家治理体系和治理能力现代化的重要组成部分,而德治的有效实现是发扬乡风淳朴、实现乡邻和睦的重要方式。道德的治理在中国传统乡村治理中发挥着极为突出的作用,并且,这一治理方式在今天也不容忽视。德治着重于发挥和继承地域文化和地域风俗,以一种血缘情感、地域情感柔性化解各种矛盾和冲突,调和乡村社会不同主体的利益诉求,不仅将矛盾解决在基层,也在基层实现了善治。

法治是推动国家治理体系和治理能力现代化的重要动力,它和依法治理有所相同,也有所不同。依法治理是综合治理、系统治理、源头治理的中枢与统率,即综合治理、系统治理、源头治理都需要在法治框架下进行,并对法定职权、职责进行调节以适应复杂的社会治理现状。而法治同自治、德治一道处理的是“战术”

层面的治理动力问题，即在依法治理的维度需要通过法治、自治、德治的落实推动依法治理发挥实效、深入人心，而法治也应当成为综合治理、系统治理、源头治理的动力机制，通过高质量的立法、执法、司法推动治理体系和治理能力现代化。例如，北京市在既有法律、法规的基础上，发布了《北京市街道党工委和办事处职责清单(试行)》，通过规则之治固定职责关系调整、条块划分调整的成果，避免了街乡无序“吹哨”，随意进行行政委托，增加基层负担的情形，也增强了基层街乡的治理服务能力，尤其是突出固定权力和职责统一调配的改革成果，确保管理事务和管理重心同时向基层转移。这就是一种典型的通过制度的规范进行决策，进而促使基层对决策不折不扣地执行，其落脚点为对执行不到位的进行监督问责的法治推动体系。

总而言之，“吹哨”机制有成效、受赞誉、能推广的成功不是轻易得来的，其成功的奥秘在于“吹哨”机制在法治逻辑和实践逻辑两个层面，都接续和吸收了过去一段时间以来社会治理智慧的经验，同时又立足基层社会治理的复杂形式，从强化基层治理能力、着力在既有的法治框架内构建简约高效的基层社会治理体系的角度进行了深入探索。通俗地讲，在战略层面，“吹哨”机制构筑了以依法治理为中心，以系统治理、综合治理、源头治理为框架的体系性基层治理框架；在战术层面，通过对自治、德治、法治的运用，以多元共治的格局推动在“四个治理”发挥实效、解决难题、赢得群众赞誉。

第三节　服务行政理念下“吹哨”机制的展望

在基层社会治理面临有效治理问题的紧迫性背景下，平谷区创造性地提出"吹哨"机制,目前该机制已经实现了两次升级,从"执法哨"发展到"管理哨",最后升级为"发展哨"。在这个过程中,"吹哨"机制呈现不同的形态。以2016年"5·14"黑水湾矿区盗采矿难为导火索初现"吹哨"机制的雏形,迫于问题解决的紧迫性,此时,该机制更倾向于运动式执法。作为实践的"先驱者",该机制的实施带来显著的社会成效。平谷区政府以此为契机,通过一系列的举措力求实现"吹哨"机制的规范化、科学化,最终从运动式"吹哨"发展为常态化管理的"吹哨"机制。这主要体现在为解决金海湖镇一系列治理难题,按照市委《党建引领街乡管理体制机制创新实现"街乡吹哨、部门报到"的实施方案》和区政府《关于进一步加强乡镇街道实体化综合执法平台建设的实施方案》,金海湖镇制定了《金海湖地区关于建立综合执法中心的实施方案》。从"管理哨"到"发展哨"主要表现为茅山后村"佛见喜梨"农产品获得地理标识并获得规模发展,最后促进农民增收。

尽管"吹哨"机制取得了显著的社会效果,我们必须客观、正确地认识该机制。这是"吹哨"机制在未来基层社会治理中不断适应新情况、新问题,丰富其内涵并取得发展、完善的前提。通过上文分析,尽管"吹哨"机制已经体现出服务行政理念,但是不可否认的是,该机制作为一个新生事物,本质上仍然停留在行政管理层面,其呈现的不同形态仅是该机制在不同领域适用的结果,即该机制的适用仍然主要停留在秩序行政理念层面。

构建服务型政府,需要实现"吹哨"机制理念从秩序行政到服务行政的转型,需要将服务行政理念体现在该机制运行的各环节中,而并非仅局限在行政执法结果的实现上,以避免"吹哨"机制适用的僵硬化,这也是"吹哨"机制未来发展、完善的方向。以行政部门执法行为方式的选择为例,在调研中笔者获知,通过"吹哨"机制在拆除违建执法中取得了显著成效,这是执法力量、执法权力下沉实现上下联动的结果。但是,应该注意避免“吹哨”机制适用的极端化,在违建的认定、违建的处置等环节要贯彻服务行政理念,坚持为人为本,执法过程中需要考虑相关因素。例如,果农为照料果园用来堆放农具等而修建的茅屋是否应该认定为违建;迫于生存环境、生活压力从事农家乐经营的海子村村民违法建设、扩建的农家乐基础设施是否应该作为违建一律拆除。服务行政理念下的“吹哨”机制的适用要求行政执法者对上述情况判断时,要从村民的角度进行考虑,考虑果农农业劳作的便利性、海子村村民最基本的生产生活的顺利进行,最后采取对他们损害最小的执法方式。

第六章　北京经验的成熟

——从“吹哨报到”到“接诉即办”

程　胜*　刘子豪**

尚　猛***

“吹哨”机制发端于北京市平谷区的基层治理实践，尤其是农村社会的治理实践，但其生命力远不止于此。2018 年 1 月，第十二届北京市委深化改革领导小组第六次会议审议通过《关于党建引领街乡管理体制机制创新实现“街乡吹哨、部门报到”的实施方案》，明确了加强党对街乡工作的领导、推进街道管理体制改革、完善基层考核评价制度、推行“街巷长”机制等 14 项重要举措，并在北京市 169 个街乡进行试点。①

---

* 北京市药监局办公室主任。

** 中国人民大学法学院 2017 级硕士研究生。

*** 中国人民大学法学院 2018 届硕士。

① 参见《街乡吹哨　部门报到——北京市推进党建引领基层治理体制机制创新纪实》，载人民网：http://dangjian.people.com.cn/n1/2018/1210/c117092-30453404.html，2019 年 11 月 26 日最后访问。

这标志着“吹哨”机制正式被运用于城市的基层治理。在此基础之上，北京市进一步探索出“接诉即办”的工作机制，将“吹哨”的范围扩大到基层民众。在北京这样一个超大治理规模的一线城市，此种治理手段的改革意义非凡，也面临一系列挑战。首先，要科学厘定“吹哨—报到”机制的适用范围，防止削足适履般地盲目应用；其次，“接诉即办”机制要合理吸收公民理性，避免缺少法律意识的公民参与行政；最后，应当探索运用大数据手段挖掘制度实践中的信息资源，增强风险社会中政府的风险预防能力。

第一节　“吹哨”机制的适用范围分析
——以条块关系为视角

本书上一章详细分析了“吹哨”机制的理论创见，主要体现为解决基层治理中治理主体责任和权力不相匹配之问题。这一经验被总结推广后，在北京市全市的基层治理实践中得到了较大范围的应用。然而，这一制度终究不是基层治理的“万能钥匙”，不可能包治百病。准确界定制度的适用范围，才能充分发挥制度的应有优势。目前，“吹哨”机制的实践正一路高歌，正面经验纷纷涌出，而越是如此，便越应当保持理性的清醒，分清哪些治理任务应当被纳入“吹哨”机制的效力范围。在这一点上，传统政府组织关系中的条块视角可以给出答案。

作为政府组织法中近乎常识性的研究视角，条块关系往往被用来分析上下级政府机关之间的集权或分权关系。“条条”关系一般指称上下级政府工作部门之间的垂直领导关系，“块块”关系一般指一级政府与本级政府工作部门的统一领导关系。“地方人民政府各工作部门通常既受本级人民政府统一领导，同时受上一级人民政府主管部门的领导或业务指导。”[①]条块关系的矛盾，往往体现为“条条专政”和“地区分割”之间的摇摆不定，[②]“一抓就死、一放就乱”。周雪光从组织社会学角度将这种矛盾描述为“一统体制与有效治理”的治理矛盾：一方面，中国国家治理中面临的一个重要问题是超大的治理规模，因此，意味着要为地方政府放权；另一方面，地方政府治理权的扩张又会对一统体制产生威胁。[③] 具体到我国的基层治理实践，“条条”与“块块”的矛盾更加突出。“乡政府作为我国最基层‘块块’，担负着本区域政治、经济和社会各方面的具体领导工作，但具体分管这些工作的‘几大员’，却大都接受‘条条’领导，人、财、物三权全集中于县的职能部门。这些工作在乡镇的机构和人员，乡政府虽然看得见却管不着，乡政府的综合管理和协调能力受到了严重的削弱。”[④]

“吹哨”机制的探索，为解决这一困境提供了有益探索，通过将召集权和评价权下放基层政府，治理权实现了部分下沉，发现问题的人有了一定解决问题的能力。但这一探索仍然不能突破我国行政组织体系“条条与块块并存”的体制。为“块块”赋权的同时，不能任意削弱本应属于“条条”的治理权。矫枉不应过正，否则将造成基层的碎片化与失控。这就需要从条块关系各自的原理出发，找寻两种组织关系的区别，为“吹哨”机制的适用划定合理范围。

马力宏教授将条块关系依据治理内容分成四种类型：“条条

① 姜明安主编：《行政法与行政诉讼法》（第7版），北京大学出版社2019年版，第105页。

② 参见周振超：《条块关系：政府间关系的一种分析视角》，载《齐鲁学刊》2006年第3期。

③ 参见周雪光：《中国国家治理的制度逻辑——一个组织学研究》，生活·读书·新知三联书店2017年版，第19页。

④ 马力宏：《论政府管理中的条块关系》，载《政治学研究》1998年第4期。

管理型、块块管理型、以条为主的条块结合型和以块为主的条块结合型”。[①] 这种分类有助于准确界定“吹哨”机制的适用范围：笔者认为，该机制仅适用于治理内容中的“块块管理型”以及“以块为主的条块结合型”治理任务。这是因为，“条条管理型”和“以条为主的条块结合型”往往具有普遍性、专业性、集中性等特点，将这些治理权力下沉不具有必要性，且不利于治理任务的实现，甚至严重威胁统一体制，如国税、审计、电力、地质等领域。而“块块管理型和以块为主的条块结合型”往往具备一定程度的地方性，需要作为块的街乡政府结合本地实际情况因地制宜，如城管执法、社区服务等领域。

第二节　“接诉即办”与参与行政

在以人民为中心的发展思想指引下，公民参与行政不可或缺。习近平总书记深刻指出：“人民是否享有民主权利，要看人民是否在选举时有投票的权利，也要看人民在日常政治生活中是否有持续参与的权利。”[②]2019 年以来，北京市正在推进实施的“接诉即办”机制便是这一思想的具体体现。依托“12345”政府热线等平台，“接诉即办”制度将群众诉求直接派单给具体街乡，省去了中间的中转环节，并要求街乡“闻风而动、全时响应、及时受理、接诉即办”。[③]

---

① 马力宏：《论政府管理中的条块关系》，载《政治学研究》1998 年第 4 期。

② 习近平：《在庆祝中国人民政治协商会议成立 65 周年大会上的讲话》，载《人民日报》2014 年 9 月 22 日，第 2 版。

③ 《新时代群众工作有了“北京样本”》，载《人民日报》2019 年 12 月 24 日，第 1 版。

"吹哨"机制的升级发展或可结合这一思路。一方面,在街乡政府行使召集权,"吹哨"之后,区政府工作部门亦应遵循"接诉即办"的工作思路,及时响应,即时办理。诉求的发起者无论是群众还是街乡政府,在以人民为中心的发展思想下都应是同质的。北京市委书记蔡奇同志就指出,"'吹哨报到''接诉即办'是基层治理的创新,有效的群众工作机制,两者是一个整体,以市民诉求为'哨','即办'中有'报到',在'接诉即办'中体现'吹哨报到'的成效"。[①] 另一方面,"吹哨"机制的召集主体范围可逐步扩大至群众。群众或群众组织行使吹哨权后,区政府工作部门也应及时报到,并接受群众的监督和评价,从而进一步扩大公民对基层治理的参与,实现社会共治。在这两个层面上,"吹哨"与"接诉即办"两套机制能够形成合力,共同促进行政效能的提升。

当然,在注重行政效能提升的同时,亦应做到足够的人、财、物保障,并建立健康长效的运行生态。党的十九届四中全会指出,要"把我国制度优势更好转化为国家治理效能",而不应是以"加班"换取行政效能。在积极鼓励引导公民参与行政的同时,也应注重避免"劣质的参与","公民不是以承担公共任务为天职的公务人员,并非注定以追求公共利益为己任,在参与公共事务的过程中也无法避免对私欲的关注和追求,也就必然带有市民社会中的伦理非充分性,必须要对'市民'的伦理本质进行改造才能使其成为可以肩负公共利益追求的'公民'"。[②]

---

① 参见《蔡奇:以"吹哨报到""接诉即办"为抓手 在服务群众中践行初心使命》,载人民网:http://bj.people.com.cn/n2/2019/0702/c82844-33099958.html,2019年11月26日最后访问。

② 王旭:《公民参与行政的风险及法律规制》,载《中国社会科学》2016年第6期。

第三节　制度的发展：风险预防中的大数据思维

“人类已经步入风险社会，预防重大风险是当代中国治国理政‘底线思维’的要求。”①党的十九届四中全会《决定》指出：“顺应时代潮流，适应我国社会主要矛盾变化，统揽伟大斗争、伟大事业、伟大梦想，不断满足人民对美好生活新期待，战胜前进道路上的各种风险挑战，必须在坚持和完善中国特色社会主义制度、推进国家治理体系和治理能力现代化上下更大功夫。”在“监测—评估—控制”过程中，利用大数据技术实现对信息资源的获取和利用尤为重要。

对于北京这样的超大城市，社会治理面对的一个重大难题就是如何在条块结合的治理体系中实现治理信息的横向传递，避免各行政机关因为行政区划、职能分工而产生信息壁垒、各自为政，陷于解决大量重复性群众诉求的低效无序状态。以北京市“12345”市民热线为例，其不仅是一条市民反馈问题参与社会治理的渠道，更是一个汇聚全市社情民意、汇总大城市治理问题的数据库。从大量个性化样本汇聚成的整体数据中，利用大数据技术，决策者可以梳理出高频问题、重点领域，以点带面，盘活全市社会治理资源，一并发现同类型问题、隐患并进行全局性解决。从社会的横向治理看，“接诉即办”机制提高了城市治理信息的整合分析效率，将群众的呼声当成指挥棒，统筹调度各个社会治理模块，打破了信息壁垒，有效避免了各单位各自受理、分别办理的低效治理；帮助上级政府从基层治理的“一诉一办”中发现群众反

① 王旭：《论国家在宪法上的风险预防义务》，载《法商研究》2019年第5期。

映强烈的问题,把握城市运行规律,对基层政府进行精准赋权,并从宏观层面为城市运行的共性问题探寻解决方案,在行政决策和统一调度中举一反三,找准施政“靶心”,这种有效的统筹协调有利于集中力量攻坚突破,既能解决“小问题”又能啃下“硬骨头”,随之带来的是行政机关的治理效率和人民群众满意度的提升,使“民有所呼,我有所应”的治理期待成为现实。

正如前文所述,上下级行政机关之间的行政权威自上而下传递,而民意诉求信息自下而上反馈,在传统的治理体系中,无论是行政赋权,还是社情民意,在上下级行政机关的传递流动中可能呈现层层递减的趋势。这就导致了上下级行政机关对基层问题有效信息的掌握程度和社会治理权力分配之间存在先天的不平衡,进而使上级政府的决策施政与基层政府的社会治理之间以及行政机关的施政反馈和社情民意的诉求期待之间可能存在一定偏向,甚至脱节的风险。“接诉即办”机制为上述问题提供了好的解决思路。依托于市民热线的“接诉即办”机制有效提高了社情民意信息在上下级政府之间的纵向传递速度和效率,极大拓宽了社情民意的反映渠道,使上级政府能够直观地感受基层治理中的“痛点”,形成了“人民群众—上级政府—基层政府—人民群众”的社情民意流动传递体系。这种民意诉求在治理体系中的高效纵向传递,有效缓解了上级政府的决定权、支配权与基层政府的执行权、授予范围内治理权之间的错位关系。全市社情民意的汇总及其在上下级行政机关之间的共建共享有利于凸显政府决策中的薄弱环节,提高社会治理的可预见性。截至 2019 年 12 月 15 日,“接诉即办”累计受理来电 661.7 万通,办理实事 239.8 万件,①这种

① 参见《新时代群众工作有了“北京样本”》,载《人民日报》2019 年 12 月 24 日,第 1 版。

大量数据积累和数据有效分析将会促使上下级行政机关之间紧密耦合形成合力，为政府的行政决策提供充足的数据支撑，进而实现上层决策领跑基层治理，将社会治理从前期“接诉即办”向“未诉先办”进行转变，立足于现状，预测和发现未来可能出现的问题，将问题苗头解决在群众反映前，将“接诉”转变为“无诉”，充分掌握城市治理的主动权，达到防微杜渐、未雨绸缪的治理效果。

“吹哨—报到”和“接诉即办”在制度层面理顺了行政机关内部的功能机制，以及公民参与行政机制，实现了问题的快速解决。与此同时，制度的实践过程中产生了大量有关社会治理的信息资源，对这些资源的大数据技术处理，将成为政府应对风险社会的有力工具，进一步实现对问题的预防。“大数据思维与治理思维在运行逻辑上是同轨的，都是基于对象源头的分析来探测事物发展的趋势，这开启了风险社会公共治理的新视角。”①

① 孙粤文：《大数据：风险社会公共安全治理的新思维与新技术》，载《求实》2016年第12期。

第二编　依法治理与综合治理

在全面推进国家治理体系和治理能力现代化过程中，基层治理，特别是乡村治理是一个缩影。乡村治理主体有四种，分别是：政府、基层党组织、乡村“能人”和村民。本编以治理主体为切入角度，分析了依法治理与综合治理之间的关系，共分为三章：第一章分析了“能人治村”的模式；第二章探讨了“能人治村”与村民参与之间的关系；第三章研究了上级政府对“能人治村”的指导。

第一章　综合治理现代化的北京经验：围绕“能人治村”模式

赵　杰[*]　李佳栋[**]
吴金晶[***]

“能人治村”的治理结构和治理模式，一直都是中国基层乡村治理的重要形态。当前的“能人治村”应当如何在国家治理体系中定位，又如何通过综合治理的手段，将法治、自治、德治有机协调，贯穿于基层治理中，是需要经过学理探讨和实践检验的一项命题。本章着重对“能人治村”的模式进行描述和分析，从“能人”这一概念的内涵及类型、“能人治村”的结构及其一般原理、“能人治村”的利弊分析三个层面对相关问题进行阐述。

---

* 中国人民大学法学院 2018 级硕士研究生。

** 中国人民大学法学院 2018 级硕士研究生。

*** 东京大学法学政治研究科研究生在读（文部省奖学金）。

第一节 “能人”的概念内涵与类型

一、基层治理中“能人”的内涵

（一）乡村中的“能人”

基层治理语境中的“能人”，是指在集体组织成员中，所具备的能力和资源较组织内其他成员处于优势地位，且在乡村基层的事务管理和资源配置中占据主导性地位的个体。“能人”需要具备两个基本要素：其一为某种优势力量和地位；其二为在社群中发挥较一般成员更积极的作用，“表现为经济、社会、政治各方面能力优于普通农户，在某一领域占据强势地位后，很快便会获得其他领域的资源，并对集体行动过程施加不均衡影响”。[①] 乡村“能人”的这一内涵特质，使其既有可能成为带动集体成员脱贫致富、谋求乡村发展的“领头羊”，也有可能成为加剧基层社群内部资源分配不均的“垄断者”。“能人”能够发挥什么样的作用，一定程度上决定着基层治理的社会效果，决定着改革的红利能否真正惠及广大人民群众。因此，提升基层治理能力、完善基层治理体系需要将“能人”作为重要的连接点，以发挥乡村“能人”的正向作用为中心，以发挥基层党建对“能人治村”的促进优化作用为统领，以“能人模范”带动村民广泛参与村务管理，实现基层综合治理的体系的优化。

（二）“能人治村”的历史变迁

历史上的“能人治村”在保持中国乡土基层社会结构的稳定

---

① 董磊明：《变与不变：中华三千年社会结构的政治社会学解读》，载《江苏行政学院学报》2007 年第 3 期。

和协调中起到重要的作用，传统社会中的“乡绅”作为连接国家与乡村社会的纽带，传统社会中的乡绅治理一直是中国乡土治理的重要模式。几千年来，无论上层统治集团如何变化，乡绅贤达等“能人”一直在乡村的政治生态中扮演着稳定的角色。一方面，对人民群众来说，“乡绅”作为政权的代言人和传声筒，在相对闭塞的乡土社会中就成为等同于统治集团的存在；另一方面，对上级政府机构来说，“乡绅”也被视为群众的代表和发言人，成为政令上传下达的联络人。“乡绅能人”因而在上层统治者和基层民众之间扮演联络枢纽的角色，并为传统社会中的“乡村自治”和国家统一管理所不可或缺。新民主主义革命和社会主义革命曾一度打破乡土社会以“乡贤治理”为基础的超稳定格局，使人民民主政权的管理力量真正渗透至乡村基层，同时，充分发动人民群众的力量参与乡村治理，从而省去在上层和基层之间进行信息传递的过程，“乡绅”等各种形式的乡村“能人”便不再有存在的必要和空间。而伴随改革开放的进程推动，乡村重新获得更多的“自治”空间，事实也证明赋予基层以自我管理的权限有助于解放和发展生产力。基层乡村的生产生活不再依靠上级组织的计划安排，而需要由乡村自己因地制宜谋求发展的道路，乡村“能人”的作用再次凸显。“农村经济精英不断参与到农村治理当中，乡村的政治格局发生了新的变化，出现了能人治村等一系列新现象。”[①]但此时的基层治理显然不同于传统社会中的“乡村自治”，中国的社会发展不再以保持基层的超稳定结构为价值追求，而是要充分激发乡村基层的活力，在乡村培育新的经济增长点，实现城乡一体化协同发展。因此，新时代的乡村“能人”也必然呈现与传统社会中乡

① 肖唐镖：《什么人在当村干部？——对村干部社会政治资本的初步分析》，载《管理世界》2006年第9期。

村精英不同的特点。

(三)乡村"能人"的新特点

新时代乡村"能人"的主要特点是与乡村外部力量进行更紧密的结合,包括乡村本土的经营与社会资本结合而成为占据优势经济地位的"能人",或者返乡进入乡村基层的大学生等外部群体。部分乡村依托本地的资源优势特色产业,需要引进外部资本进行资源开发或者发展旅游服务,外部资本的介入使"能人"能够更积极活跃地参与村务管理。当社会资本进入乡村与集体经济组织成员合作经营时,传统社会中超稳定结构的乡土社会就已不复存在了,乡村集体经济组织也不可避免地进入市场经济体系内与更广阔的外部世界发生联系。而原本在乡村社群中据有优势地位或者表现突出的个体,就能够在借助外部资本的产业融合和转型过程中拔得头筹,在企业管理中发挥主导性作用,实际上垄断了对村民个人投资或者集体经济组织入股的运营。除这种由本地成员借助产业发展契机成为带动乡村致富领头人的情况外,另一种形式的乡村"能人"则包括从城市返乡的群体,当下城乡之间频繁的人口流动是此类"能人"群体产生的原因。返乡的群体可能包括退休后回到郊区的公务员、外出经商致富的家庭或者早年在大城市学习、打工回乡创业的人员。此类群体可能长期在外地生活,但正是外部世界的经验赋予了他们在个人能力、社会关系等资源上的优势地位。他们大多思想活跃,见识面广,对法律政策也较熟悉,使这一群体返乡后能够为乡村公共事务提供更多的经济支持进而成为"能人",即便他们可能已经在城市里安家落户。

二、乡村"能人"的类型

综合乡村"能人"所具备的以上特点,并结合平谷区的经验,可以梳理出基层治理实践中乡村“能人”的不同类型。按照其在基层公共事务管理中所起的作用以及作用大小，乡村“能人”可以被划分成三种基本的类型：事务主导型、积极回应型和消极回应型。事务主导型“能人”表现为在村内承担村务和党务的领导工作，能够以积极主动的姿态引导村民与外界沟通交涉，同时对内有效整合集体组织成员的力量。积极回应型“能人”则并不具备前者在公职上的优势地位，但是，基于其财力或者掌握的社会资源而能够对村庄选举和村务管理产生重要影响，并能够利用这种优势地位配合村主任、村支书乃至乡镇政府的工作。消极回应型“能人”则是在具有前者的能力资源基础上，不断强化自身和其他成员之间的地位不平衡，利用优势地位攫取私利而非为集体利益考虑。下文将结合在平谷区的调研成果分析三种类型的乡村“能人”。

（一）事务主导型“能人”

该类型乡村“能人”往往在公共事务决策中体现出较强的影响力和执行力，能够通过自身的能力对集体组织成员的需求和资源进行整合，实现有效的集体行动。此类型“能人”一般出自本地，并在长期的乡村生活中得到集体成员的认同。尤其是在许多乡村通过企业化管理运营开发本地区旅游资源的情况下，此类型“能人”往往在农村产业升级的过程中表现突出，扮演领头人的角色。平谷区黄松峪乡黑豆峪村就属于此类具有良好资源禀赋的乡村，全村位于浅山区，环境质量高、绿化覆盖率高、植被丰富，也有京东大溶洞、湖洞水等自然景观。在该村村支书的联络主导下，北京某旅游公司参与对相关旅游资源的开发，黑豆峪村通过集体经济组织集资入股和村民个别入股的形式成为旅游开发公司的股东。借助入股的形式，村民通过村委会参与公司的运营和旅游景区开发，并通过公司分红从中受益。村支书便因此成为在旅游公司内表决权的实际行使者和公司收益分配的管理者。从中可看出,一方面,事务主导型“能人”在带动村民致富的过程中表现出积极性和能动性,能够充分利用本地区资源实现创收;另一方面,其也在乡村公共事务的管理决策过程中具有相当分量的话语权和影响力,一定程度上支配乡村公共事业的运行。

(二)积极回应型“能人”

此类型“能人”并非在村内担任公职,也往往不会扮演各项公共事务发起人和带头人的角色,但是,此类“能人”所掌握的经济和社会关系等资源都是较为优厚和独立的。乡村中的该部分“精英群体”基于其所掌握的经济或社会资源优势,可以影响乡村内集体决策的过程或者在公共设施建设中获得相关利益。正是因为自身与乡村之间的利益关联,这部分“能人”群体能够对上级管理者的命令或指导进行积极回应,发挥此类型“能人”的作用也有助于集中集体组织成员的力量。以平谷区平谷镇岳各庄村为例,该村的积极回应型“能人”多表现为外出经商致富以及曾经在北京闯荡的人群等,他们中大多在北京市城区拥有一到两套房产,在20世纪90年代中后期也抓住政策的空白期在本村另外购置了一套宅基地,子女也离开岳各庄村在北京市城区成家立业。在岳各庄村进行棚户区改造的过程中,村内的“精英群体”便能够积极响应管理者的动员,他们有时间、有经济能力,也熟知政治体制的运作逻辑,借助棚改的契机利用财力和社会资源优势承接部分区域平整土地等劳动力密集的基础工程。同时,积极回应型“能人”对棚改相关工程的参与也使其拥有了一定的话语权,能够为集体经济组织其他成员争取到更好的安置补偿方案。因此,积极回应型“能人”能够对上级管理者的决策部署进行有效回应并辅助其执行,同时,也能整合村内不同利益群体的诉求,争取社群集体利益的最大化。

(三)消极回应型“能人”

乡村“能人”可以在基层治理和乡村集体行动中发挥相当积极的正向作用,但也存在乡村“能人”个人利益与集体利益不一致而对乡村治理产生消极影响的可能性。乡村“能人”原本就具备和其他成员不对等的能力与信息资源优势,如果“能人”利用这种优势在与外部资本或行政资源结合的过程中谋取私利,加剧其与其他成员之间的不平等地位,则会对健康有序乡村生态的形成产生消极影响。乡村“能人”如果利用自身的优势与上级决策相掣肘,毫不响应上级管理者的动员,也将为基层治理带来新的难题。

因此,发挥乡村“能人”在基层治理中的正向作用,需要明确培育乡村“能人”的最终目的是让广大群众从发展中受益。对乡村“能人”的主导性作用也应当施加一定的限制:一方面,要激励乡村中的杰出精英能够带动社群共同发展;另一方面,也要避免少数精英对权力和资源的垄断。凸显乡村“能人”的作用并不意味着要把公共事务决策变成“一言堂”,而是要让乡村“能人”有效整合集体的意见和利益诉求,最终实现集体成员共同分享发展成果、广泛参与乡村治理。把“能人治理”限定在民主和法治的轨道上,才能最大限度发挥乡村“能人”的正向作用,避免“能人”权限的过度集中对基层治理和乡村生态形成造成不利影响。

第二节　“能人治村”的结构及其一般原理

一、“能人治村”的结构

与几千年来传统社会的乡绅政治以及保甲制相类似,中国乡村的基层治理长期以来都存在精英治理、能人治理的制度惯性。这种制度惯性逐渐固化稳定,符合基层群众的心理预期和基层权力运行的制度逻辑。但是,在对平谷的调研中不难发现,当代中国学术研究和实践研究中的“能人治村”可以说是一种与历史传统大相径庭、诞生于自改革开放和市场经济建设背景下的“经济能人”治理格局。[①]“能人治村”的结构也从能人的产生方式、能人的权力来源、能人的治理方式三个方面形成了与传统基于礼俗、权力和权威不同却又有千丝万缕联系的较稳定的制度结构。

(一)“能人”的产生方式层面

平谷地区的“能人”与东部沿海地区和华中地区学术研究中展现的“能人”面貌有一个极相似之处,即“能人”侧重依托乡村自治组织和乡镇企业,借助乡村的自然条件和特色资源,带领乡村成员不断适应外部环境,尤其是不断成熟的市场体制,并生成新规则和自治机制的人物。正如上文所指出的,这种能人迥异于传统礼制秩序下生成的侧重游离在权力体系外的“政治能人”和“社会能人”,而局限于经济绩效层面。但也诚如有学者所言,“能人”在乡村自治组织内部进行动员和自治主要依靠的规则依然以国家法律、民间规约、人情法则以及乡村内部的信任机制为主,[②]他们主要以实现乡村发展为目标,形成乡村自治理机制的再生与循环。因此,“能人”的产生在基层自治层面必须有良好的群众基础,在经济治理层面必须有良好的经济治理的绩效,在权力谱系层面必须获得地方党委和政府的认可,这三者对于能人的产生来说,缺一不可。“能人”也必须在这三个维度不断提高竞争力以持续性地保持其在村镇中的地位。当然,这三个维度有些层面有相互融合的趋势,例如,“能人”必须在《村委会选举法》的框架下获

---

① 卢福营较早提出“经济能人治村”的观点。参见卢福营:《经济能人治村:中国乡村政治的新模式》,载《学术月刊》2011 年第 10 期。

② 参见陈寒非:《能人治村及其法律规制——以东中西部地区 9 位乡村能人为样本的分析》,载《河北法学》2018 年第 4 期。

得村民群众的认同,通过民主选举成为村干部,这体现出“能人”产生方式在国家权力层面和基层自治层面的同化,“能人”的产生也必须受到国家法律的约束和规范。

(二)“能人”的权力来源层面

“能人”的权力从建国初期源于国家行政管理权力的分化到源于村民群众的委托授予实现了一项重大的制度变革。这极有利于政府从权力的发包者到权力的监管者的角色转化,减轻了政府治理的制度成本和经济成本,同时,“能人治村”也是一种符合基层乡村民主制度的治理模式。可以说,真正意义上的“能人治村”只能是在建国初期以及很长时间中全能型政府的退守和转型。因为在一个管理事务无所不包的全能型政府中,基层乡村的治理是重中之重,无所谓“能人”的治理空间和治理事务,一切治理都必须服从于计划经济的调配,乡村的治理也被完全卷入国家科层制的治理体系框架中。调研组在平谷区金海湖镇海子村对群众的访谈中发现,群众对领头致富的“经济能人”的角色定位不再是封建礼制以及全能型政府中的“父母官”乃至“大老爷”的形象,而是乡村事务的服务者、管理者和乡村公共福利制度的提供者、建构者、维系者。“能人”如果不能更有效、更因地制宜地利用乡村的资源从而更有效地促进乡村基础设施建设和乡村公共服务,那么,“能人”在权力来源的正当性和合理性层面将饱受质疑。而上述此种角色定位又与基层党组织共同体现出一种互嵌结构,共同服务于“为人民服务”的目标,基层党建和基层民主在这一过程中得到了双重补强。

(三)“能人”的治理方式层面

既然“能人”的产生方式在基层自治层面、经济治理层面和国家权力谱系层面有其独有的结构和特点,同时,在“能人”的权力来源层面也有显著的转型,因此,“能人”在治理层面也与一般的政府治理有不同之处。这种不同之处被部分学者总结为一种“精英主导的群众自治形式,也即一种‘精英—群众’自治”。[①] 这是一种独特的乡村治理实践形态,是村民群众根据乡村治理环境对村民自治理想制度所作的一种适应性调整和务实性创造,是对原初村民自治的拓展。[②] 但需要警惕的是,从之前“能人”的产生方式和权力来源层面不难看出,“经济能人”必然会向“政治信任”层面和“权威认同”层面拓展,由此产生的作为行为角色的“社会能人”和“政治能人”的决策,容易失去民主机制甚至国家权力的监督和控制,冲击现有的权力架构,带来一种“脱序化”。在平谷的基层调研中发现,部分“经济能人”在治理乡村的过程中,会将管理企业、经营商业公司的经验和模式原原本本的照搬到乡村治理和村务决策中,这固然可能短期对乡村经济发展有所助益,但是,也容易存在忽视少数群体的利益导致矛盾频发,“一言堂”现象愈演愈烈,经济利益与生态利益、公共利益脱节等严重问题。

二、“能人治村”的原理

总结“能人治村”的一般原理,在课题组看来,就是透过现象看到“能人治村”的本质内容。尤其是在深入调研平谷的基础上对这一问题进行探求,能够发现“能人治村”暗含有效治理和综合治理的原理。

(一)治理效能的视角

改革开放后,我国进入快速发展时期,社会结构、经济结构、文化结构等各方面都发生了天翻地覆的变化,国家秉持“城市优

① 参见卢福营:《个私业主主政的村庄治理——以浙江永康市为例》,华中师范大学2006年博士学位论文,第162页。

② 同上。

先”的政策,使城市迅速获得了发展。但农村在这一过程中各方面都较为落后,治理绩效低下。

20 世纪 80 年代末至 90 年代初,农村发展滞后的问题得到关注。在社会主义现代化建设过程中,农村的落后成为亟待解决的问题,也是在这一过程中,农村开始探索出“能人治村”的模式。一批怀有抱负的“经济能人”返回乡村,参与乡村治理。而“能人治村”也显现出良好的绩效。“能人”之间的竞争改变了以前由一人连任村领导的状况,一定程度上发展了乡村民主;而“能人”的规则思维和“能人效应”改变了乡村公共秩序,增强了乡村治理的有效性;“能人”对社会发展脉络较为精准的把握帮助乡村找到发展方向,实现了乡村的振兴。①

党的十九届四中全会强调,要推进国家治理体系和治理能力现代化,这暗含对治理效能的追求。在乡村治理是国家治理的基础部分,提升国家治理效能必然要提升乡村治理效能。而“能人治村”恰好能够在一定程度上满足这一要求。

首先,在当前平谷区的乡村治理实践中,“能人”担任村支书并通过选举成为村委会主任,两个职务“一肩挑”,从而进入乡村治理体制。这是中央为了解决长期以来村党支部和村委会之间的矛盾作出的重大决策部署。这一实践理顺了乡村权力运行逻辑,完善了乡村治理体制,为“能人”的高效治理打下制度基础。

其次,“能人”凭借其较强的能力受到政府和村民的认同。从中央到地方再到村民,都支持“能人”担任村干部,主要原因在于“能人”具有较强的能力。“能人”可以综合发挥自己的能力,将乡村治理带入正轨,实现乡村治理的有效性。

---

① 参见卢福营:《能人政治:私营企业主治村现象研究》,中国社会科学出版社 2010 年版,第 211 ~218 页。

(二)综合治理的视角

基层乡村的社会治理所具有的突出特点是,它并不必然遵循“条块分割、职能划分”的科层制逻辑。上级政府的职能部门因为行政管理技术化、精细化的要求而区分为不同的条块,不同部门之间在划清权责界限的前提下分工负责。但乡村中的社会治理所面临的问题是综合而复杂的,不必也不应对乡村治理结构作过于细致的职能划分,在乡土社会中取而代之的是同一管理机构同时应对多个领域的模式。而当出现“乡村能人”时,强有力的村主任或村支书往往担负起“全能型”管理者的角色,上级政府任何一个职能部门在下沉到乡村进行执法和管理时,都只会和村委会进行对接。此外,基于乡土社会中的家长组织在历史传统中素来负有的“保护/教化”功能,今天乡村中的“能人”管理者也或多或少负有行政之外的职责,表现为对村民生活领域的适当干预和介入,调解矛盾纠纷、凝聚群体人心等工作。

因此,今天的“乡村能人”身上同时体现出多种治理的逻辑:党领导基层组织的逻辑、国家法治的逻辑、社群自治的逻辑、教化与德治的逻辑等。多重治理逻辑与治理方式在今天的乡土社会中呈现交错的态势,并共同汇聚于一处。如果能够充分发挥“乡村能人”在基层社会治理中的正向作用,通过“能人”的示范效应最大限度地整合乡村资源、构建社群共识、实现有效的集体行动,那么就能借助“能人”的力量在乡村构筑起良好运行的综合治理体系。全面推进国家治理体系与治理能力现代化要求在基层治理中贯彻综合治理的逻辑,坚持以党建为统领,坚持建设法治社会、依法治村,实现法治与德治相辅相成,多种治理方式协调发挥作用。在今天的基层治理中重新定位乡村“能人”并激发其正向作用,正是推进综合治理的需要,也是优化基层治理结构体系、提升基层治理能力的需要。

第三节　“能人治村”的利弊分析

当前,在我国农村社会,国家将建设社会主义新农村确定为新的目标,不断倾斜投入相应的政策、资金等资源。社会改革后,国家与乡村的关系便发生了转型。“能人治村”则是伴随这种转型发展逐渐形成的一种新型村级治理模式,极具本土特色与乡土性质。治村“能人”便成为国家和村民之间强有力的连接纽带:一方面,代理国家建设农村和分配资源,宣传国家方针、政策等;另一方面,领导村民谋求自身经济文化的发展,实现共同富裕。这一新型村级治理模式对“农村的稳定和健康发展起到了促进的效应……在农村政治发展和经济推进方面,其都产生了强有力的支撑”。[①] 但是,“能人治村”模式在取得成功的同时,也产生了一些问题。

一、“能人治村”的利

在“能人治村”模式下的能人大部分是经济带动能力强的人。他们一般都具有良好的组织协调能力、较广的社会关系网络以及较高的经济收入等相对一般村民的优势“资源”,因此,他们能够利用这些“资源”为村庄“活动”,通过向政府争取项目扶持、招商引资等途径,为村民谋取福利和发展,从而促进村庄的发展。总的来说,“能人治村”具有以下几类优势。

(一)提升基层治理效能

课题组调研的北京市平谷区几个村,在能人的带领下,村公

---

① 张跃来:《庄河市能人治村问题与对策研究》,大连理工大学2014年硕士学位论文,第22页。

共事务决策和执行效率都很高,村级经济发展较良好。如黑豆峪村的能人陈某某担任村干部后,带领村民以溶洞为基础开发建设旅游景区,并成立湖溶飞旅游资源开发有限公司。景区每年为村里创收近亿元。而在陈某某担任村支书和村主任期间,黑豆峪村的经济保持稳定增长,村里的交通、休闲娱乐等基础设施得到巨大改善。黑豆峪村不仅在经济方面,在文化等各方面都发展较好。这证明"能人治村"模式具有很好的治理效能,村级"能人"可谓村级经济发展的关键。他们依靠"高超的政策运作能力,得到了乡镇党委政府和村民群众的认同和支持,在农村经济社会发展中充分体现了其决策迅速、社会动员能力强、效率高等独特优势",①提高了公共治理效能,推进了农村发展。

同时,农村"能人"大多是"经济能人",他们是在改革开放的大潮中发展起来的一批人,经历过计划经济向市场经济转型的过程。他们对社会变化拥有敏锐的嗅觉,在市场经济的浪潮下谋得了自己的发展,甚至开办了自己的企业,当上了老板,并维持着良好的经营。他们在管理企业中,得到了现代管理的训练和实践,这就意味着,他们很可能会在治村过程中带入自己管理企业的经验,优化治村制度和乡村管理制度,从而促进农村的健康发展。但是,"能人"村干部在提升治村效能的同时,通过积累较高的声望集中了较大的权力。这也产生了一定的弊端,将在下文分析。

(二)带动乡村发展

景区在陈某某的带领下经营良好,给村民带来大量就业岗位,带领全村实现了致富的目标,同时,利用景区收入为村民提供大病补助、老人生活补助等多项红利,在很大程度上提升了该村

---

① 张跃来:《庄河市能人治村问题与对策研究》,大连理工大学2014年硕士学位论文,第18页。

村民的生活水平。而在平谷区黄松峪乡课题组调研的另外几个村，村支书则以农家乐、休闲度假等为特色，定位本村经济发展，为本村经济发展带来了可观的经济效益。在这些治村“能人”的领导下，各村都结合本地实际找到了适合自己的发展定位，各村的经济、文化以及各项基础设施有了长足发展与进步，整体上推进了本村的发展。

从理论上分析，“能人治村”最直观明显的优势是通过带动本村经济发展，进而整体提升村民福利，推进乡村整体发展进程，这也是村民最认可的地方。“能人”更了解本村的综合情况，包括但不限于经济状况、人口情况以及环境资源等，对本村的自然条件、地理优势等能促进本村发展的优势比较清楚，同时也能清晰认识到制约本村发展的障碍。他们大多是致富“能人”或行业带头人，具有较好的全局观和发展观，思维具有一定的前瞻性，能通过运用其个人权威和号召力，凝聚内部力量，调动各方资源积极投入新农村建设中。同时，“能人”为了获得村民认同，多秉持认真负责的态度投入乡村建设中，为乡村发展注入新的活力，推动乡村建设进程。可以认为，发展乡村，不仅需要国家的扶持，更需要“能人”秉持认真负责的态度，贡献其卓越才能，带领村民走出一条适合本村的发展之路。

（三）使治村决策得到更多认同

通过前述分析可知，“能人”都是具有某方面突出才能的人，在基层具有一定的威望。而乡镇政府和村民都支持“能人”担任村干部，很大程度上是出于对“能人”的认同，他们相信“能人”能够带领乡村走出一条更好的发展之路。而事实也证明，“能人”确实能够使乡村发展进入“快车道”。同时，“能人”具有良好的政策说服能力和民主协商意识。正如调研中村民对课题组所说：“陈某某当上我们村支书后，带领我们村开发景区，全村的经济发展得很快。”而出于对“能人”的认同和受到说服，村民们一般都会认同“能人”制定的发展战略。就像黑豆峪村，当年开发景区时，什么条件都不具备，没有大型施工机器，村民们就愿意跟随村支书陈某某“拿着铲子、锤子，推着手推车进行开发建设”。可以想象，这种开发难度是极大的。调研中，村民们回忆当初建设景区时，满脸都是骄傲自豪，并没有怨言。而这都源于他们对“能人”村干部陈某某制定的乡村发展战略的深刻认同，他们相信一个能够率先过上富足生活的“能人”，一定有独特的发展眼光。并且，村民们对“能人”的认同并非简单基于其能力，“能人”在制定政策时的充分调研、协商、说服等准备工作也是其决策获得认同的关键因素。

二、“能人治村”的弊

从我们的调研和学界的研究成果看，“能人治村”可成为破解农村发展困境的有效路径。但“能人治村”在实践过程中还处在不断探索中前进的阶段，在运行中仍然面临诸多困难与挑战，出现了种种机制匮乏等问题。比如，在我们调研北京市平谷区黑豆峪村时，就有村民反映，村支书兼村主任有公款私用、违规开发造成集体财富损失、拉票贿选、任人唯亲等多项不法行为。具体而言，“能人治村”可能产生以下几种类型的弊端。

（一）侵害乡村民主自治

在黑豆峪村，有村民指责村支书“陈某某违规给自己批了一亩多宅基地，违规建设房地产、庙宇、牌坊，让村里损失几千万元”，并认为陈某某在村中过于强势，“什么事情都是村支书一个人说了算”。

“能人治村”在某种意义上来说是精英治理在农村治理中的

体现,往往伴随权力的过于集中。[①] 在这种费孝通先生称为“既非民主又异于不民主”[②]的体制中,治村“能人”的权力受到的有效约束较小,某种程度上有一定的集权性质。而权力的集中所带来的诱惑容易使农村“能人”突破传统的道德伦理束缚,违规运作,甚至破坏农村治理秩序。

通过深入调研了解和更广范围的农村治理实践来看,缺乏有效约束的权力集中容易导致“权力寻租”。在规范尚未健全的当前,“能人治村”行为的廉洁性主要靠其自我道德约束。集体财产的经营可能以新的形式开展,如以公司经营的形式开展,这可能回避了政府的外部监管。而从内部监管来看,村务公开与民主决策可能会流于形式,村委会的民主运行机制不畅通,村民的监督权遭受侵害,村民亦无途径参与村务的决策过程,如在调研时黑豆峪村村民在访谈中所说的那样,主要还是“村支书陈某某一个人说了算”(个人决断式)。“能人”村支书陈某某利用自己手中的权力,多次出现违建牌坊、违建寺庙、违反土地使用性质开发地产、违反国家森林公园政策开发景区等“治村失当”行为,而这些违法后果却需要全体村民承担。这也说明,治村“能人”可能会通过利用自己手中的权力攫取集体资源,侵犯集体利益。

可以认为,“能人治村”中权力不受约束的弊端已初现。这并不是对“能人”村干部职务廉洁性的否认,而是对“能人”自我约束治村行为机制的合理预警。如果不对“能人治村”加以制度的约束,必然使“能人治村”的结果背离村民自治。

(二)容易出现选举不规范

在黑豆峪村,选举时出现许多不规范的现象。有村民提出,

---

① 参见张登国、任慧颖:《当代中国乡村精英治理:局限与可能》,载《理论学刊》2008 年第 7 期。

② 费孝通:《乡土中国　生育制度　乡土重建》,商务印书馆 2016 年版,第 71 页。

无论是否参与选举,最终当选的村委会主任都是陈某某,因此,大家都没有参与选举的积极性。而村委会为吸引村民参与选举,向参与选举投票的村民发放现金补贴。

虽然在当下,尤其是经济发展较好地区的农村,出现了很多“能人”参与村级组织成员选举的现象,这些“能人”大多都是当地比较富裕的“经济能人”,拥有广泛的人脉资源和社会资源。但如前文分析,“能人”担任村干部不仅可能出于实现自己的抱负的目的,也可能为了获得更多的利益。而那些为获取更多私利的“能人”,在选举过程中,可能会利用一些非正常竞选手段,如承诺免税增加福利等,这些承诺根本无法兑现,甚至出现请客送钱等拉票贿选行为。很多村民都会因这诸多诱人的竞选条件而动容,偏离选举的正确轨道,丧失公平、公正的判断,从而选举那些“能人”担任村干部。但是“能人”们当选之后,可能并未兑现当初的竞选承诺。由此可知,“能人”村干部的选举中仍然存在不公平、不公正等现象,容易出现空头承诺、拉票贿选等不规范的行为,究其根本,主要在于当前的村级选举程序不够规范、选举制度不完善,不能有效约束“能人”的参选行为。

(三)容易形成个人依赖

课题组通过调研发现,改革开放后,在较长一段时间内都是陈某某担任村里的“一把手”。而黑豆峪村的发展几乎离不开陈某某了,诚如调研时黄松峪乡的领导对课题组所讲,离开了陈某某“谁来干,干不好怎么办”。而回顾黑豆峪村的发展历史,可以发现黑豆峪村的发展与陈某某息息相关。黑豆峪村是在陈某某的带领下发展起来的,而在陈某某短暂未担任村干部期间,黑豆峪村的发展停滞不前,一度陷入困境。等到陈某某再次担任村干部后,黑豆峪村的经济又被盘活了,村庄再一次获得了长足发展。从这一过程可以看出,在“能人”治理下的乡村,有可能出现离开特定的“能人”发展就会停滞不前。

进一步分析可知,由于“能人”的个性比较鲜明,在治村过程中带有浓厚的个人色彩。同时,“能人”一般都比较强势,喜欢独揽大权,在乡村治理过程中更多的是按照个人意志决策,而较少与他人协商决策。而其他人得不到相应的治理训练,治理能力提升较为缓慢。这导致乡村发展模式在一定程度上融入了“能人”的独特因素,使其他人无力“接盘”,或者即使“接盘”后,也需要花费较大的成本对以前的治理模式作出调整。也就是说,“能人治村”在一定程度上会形成个人依赖的治理模式。

三、总结

“能人治村”或许能成为突破当前基层治理困境的一条路径,但其应当被纳入基层治理规范化、法治化轨道。党的十六大提出:“健全基层自治组织和民主管理制度,完善公开办事制度,保证人民群众依法直接行使民主权利,管理基层公共事务和公益事业,对干部实行民主监督”。① 可以从以下三个角度来理解这一论述。

第一,推进农村自治法治建设。“完善村民自治,健全村党组织领导的充满活力的村民自治机制”②是农村自治发展的基本方向。应当进一步健全、细化有关村民选举、自治等方面的法律规范体系和村规民约,完善相关制度,确保管用可行,并加强实施力度,为“能人治村”打下良好的规范与制度基础。

第二,落实村务公开制度。农村是中国基层社会治理的单元之一,完善各类村务公开制度和村务监督制度,实行阳光政务是

---

① 《全面建设小康社会　开创中国特色社会主义新局面——江泽民在中国共产党第十六次全国代表大会上的报告》,载《求是》2002 年第 22 期。

② 《江泽民文选》(第 3 卷),人民出版社 2006 年版,第 554 页。

实现农村良好治理的必然途径,尤其是要加强村务公开、民主参与等制度的建设。对于这一问题,中央有极清醒的认识。2017年12月4日,中共中央办公厅、国务院办公厅联合下发《关于建立健全村务监督委员会的指导意见》(以下简称《意见》),指出"村务监督委员会是村民对村务进行民主监督的机构。建立健全村务监督委员会,对从源头上遏制村民群众身边的不正之风和腐败问题、促进农村和谐稳定,具有重要作用"。[①]《意见》对建立村务公开制度的重大意义作出了清晰的说明。具体来讲,建立村务监督委员会还有利于提升农民参与村务管理的层次,能切实维护农民的民主权利,使广大农民群众真正拥有知情权、参与权、管理权、监督权,[②]把农村民主政治建设提高到一个崭新水平。事实证明,在村务公开充分、村务监督制度有效运行的地区,村民了解本村重大事务,能参与村务的决策,其知情权、决策权、管理权和监督权获得了良好的实现,进而对农村治理"能人"的权力运作产生有效的制约,有效减少农村"能人"在权力行使过程中的"寻租"行为,规范农村治理权力的行使,遏制腐败滋生。

第三,完善农村协商民主制度,增强村民参与能力。培育村民的民主法治观念,特别是要大力建设协商民主制度,"按照协商于民、协商为民的要求",在农村形成"有事好商量,众人的事情由众人商量"[③]的良好协商民主氛围。同时,支持和帮助村民群众养成协商意识、掌握协商方法,提高村民议事协商能力,涉及农村公

---

① 中共中央办公厅、国务院办公厅《关于建立健全村务监督委员会的指导意见》,2017年12月4日发布。

② 《中共中央 国务院关于推进社会主义新农村建设的若干意见》,中发〔2006〕1号。

③ 习近平:《民主重点在基层群众中展开协商》,载中国政协网:http://www.china.com.cn/cppcc/2014-09/22/content_33576755.htm,2019年1月8日最后访问。

共利益的重大决策事项，“在决策之前和决策实施之中开展广泛协商，努力形成共识”。[①] 关乎村民群众切身利益的实际困难问题和矛盾纠纷，应当通过协商解决。“通过在民主形式实践中建立民主规则和程序，训练民众，为民主创造内在的条件，逐步实现由形式民主到实质性民主的转化。”[②]如此，方能维护村民的合法权益，保障村民的民主权利。

总之，“能人治村”在一定程度上是传统“贤人主政”的现代模式，结合了现代民主精神。“能人治村”模式的产生一定程度上来源于上级政府和村民的双重支持与认同，但应当着力规制“能人”的治村行为，强化村民参与，使“能人治村”逐步向真正的参与式民主转化，丰富中国特色社会主义协商民主基层实践。此即可能形成“能人”主导与村民参与二者的密切结合的良好农村治理模式。就目前而言，“能人治村”模式仍然具有未知的运行风险和较大的传承压力。

---

① 中共中央《关于加强社会主义协商民主建设的意见》。

② 徐勇：《乡村治理与中国政治》，中国社会科学出版社 2003 年版，第 62 页。

第二章 “能人治村”与村民参与

赵 杰*

“能人治村”是在经济社会变革中逐渐形成的，有一定的历史文化基础。村民自治发端于20世纪80年代初期。我国1982年《宪法》规定，在农村地区设置乡(镇)政府，在农村设立村民委员会作为基层群众性自治组织。1983年10月12日，《中共中央 国务院关于实行政社分开建立乡政府的通知》(中发〔1983〕35号)发布，要求“政社必须相应分开”，建立乡(镇)政府“促进农村经济、文化事业的发展”，建立村民委员会“办理本村的公共事务和公益事业”。由此，结束了存在20多年的人民公社。在这一历史条件下，村级领导人需要同时担任国家在农村基层的国家代理人和村庄的“当家人”两种角色。一方面，他们需要贯彻落实国家的方针、政策；另一方面，他们

* 中国人民大学法学院2018级硕士研究生。

需要带领村民脱贫致富，谋求村庄的发展。

“能人治村”是法治、德治的结合。习近平总书记指出：“要发挥领导干部在依法治国和以德治国中的关键作用。领导干部既应该做全面依法治国的重要组织者、推动者，也应该做道德建设的积极倡导者、示范者。要坚持把领导干部带头学法、模范守法作为全面依法治国的关键……领导干部要努力成为全社会的道德楷模……以实际行动带动全社会崇德向善、尊法守法。”[①]习近平总书记对法治与德治关系的精要概括表明，领导干部是法治和德治的关键所在。因而，乡村法治与德治要求“能人”村干部不仅要带头守法，身体力行实践法治精神，推动法治乡村建设（这是他律），更重要的是要积极修身，提高道德境界，“修己以安百姓”，[②]在言行上堪为“村民楷模”（这是自律）；既要把法律和民主正当性作为行使权力的基础和约束，以法律的规范力治村，实现乡村公平公正，也要以道德感召力成为农村治理的中坚。[③] 也就是说，“能人”村干部应当“把他律和自律紧密结合起来，做到法治和德治相辅相成、相互促进”。[④]

从法治方面来看，依法治村是依法治国的应有之义。2014年，党的十八届四中全会通过《决定》，提出“推进多层次多领域依法治理。坚持系统治理、依法治理、综合治理、源头治理，提高社会治理法治化水平”，并指明“全面推进依法治国，基础在基层，工

---

① 《习近平在中共中央政治局第三十七次集体学习时强调　坚持依法治国和以德治国相结合　推进国家治理体系和治理能力现代化》，载《人民日报》2016 年 12 月 11 日，第 1 版。

② 《论语·宪问》。

③ 参见王旭：《论全面推进依法治国的几个基本关系》，载《中国高校社会科学》2018 年第 2 期。

④ 习近平：《习近平谈治国理政》，外文出版社 2014 年版，第 146 页。

作重点在基层”。[①] 可见,农村的依法治理是依法治国的基础性工程和重点领域。依法治国要求权力受到约束,因此,“能人”的治村行为应当受到法治的约束,而不能脱离法治。同时,法治要求法律得到良好的遵守,不仅农村“两委”领导人需要遵守法律,村民在参与治理过程中也应当依法行使权利,不能要求法外权利。

从德治方面来看,近代以来儒家文化在中国遭遇“制度性解体”,但其仍在一定程度上影响着中国的治理实践,其强调领导干部应当“为政以德,譬如北辰”。[②] “能人”担任村“两委”领导人,类似于儒家主张的“贤人主政”,是儒家的重要治理主张。所谓德治,是“以道德规范来约束人们的行为从而达到社会秩序”[③]的一种治理理念和方式。在农村社会,人们认为“能人”具有较好的德性,因而“能人”拥有一定的声望,对调整伦常人际关系、凝聚集体成员能起到较大作用。[④] 其通过带领村民制定自治章程和村规民约,并以“关键少数”的身份带头模范遵守,充当道德引领者,从而强化道德约束和集体成员内心的道德认同,推行道德的各项要求,实现社会公正和道德教化。也就是说,“能人治村”可以在农村治理的各领域发挥道德应有的功能和作用,从而促进农村的善治,由此达致德治的目标。

“能人治村”能在自治中实现综合治理。村民委员会是农村自治组织,村级组织成员需要经过村民的选举产生,村民是农村治理的主体,有权监督村级组织的决定。质言之,“能人”经由民

---

① 《中共中央关于全面推进依法治国若干重大问题的决定》,载《人民日报》2014年10月29日,第1版。

② 参见王旭:《论全面推进依法治国的几个基本关系》,载《中国高校社会科学》2018年第2期。

③ 郁建兴:《法治与德治衡论》,载《哲学研究》2001年第4期。

④ 参见孙莉:《德治与法治的正当性分析——兼及中国与东亚法文化传统之检省》,载《中国社会科学》2002年第6期。

主选举成为村干部,在村民的监督下进行民主决策,带领村民通过自我管理、自我教育、自我服务,开展自治活动,实现民主管理目标。这能更好地实现村民自治。“能人”才能突出,想干事、能干事,号召力强,能够从多方面、多角度考虑事情,综合运用多种手段,充分调动村民的参与积极性。而“能人”的多种身份(企业家、村干部、村民、“文化人”)使其具有良好的全局观、大局观,其广泛的人脉资源能帮助其获得多种资源,如争取政策支持、招商引资等。在治理中,“能人”可以综合运用自己多方面的突出能力,将多种资源有机整合,综合施策。这一治理过程中,“能人”、村民等各方的积极作用都得到应有的利用和发挥,即“能人治村”能够在农村治理中实现综合治理,提升农村治理能力、带动村级经济发展,从而提升治理效能。而依法治理要求有良好的治理绩效,因此,在某种意义上可以认为综合治理能够促进依法治理。

综上所述,“能人治村”能在农村治理中结合法治、自治与德治,在自治过程中发挥法律的规范作用和道德的教化作用,“以法治‘定分止争’,以德治‘春风化雨’,以自治‘内消矛盾’”,[①]形成“自治是核心,法治是保障,德治是基础”[②]的关系,从而“健全乡村自治、法治、德治相结合的治理体系”。[③] 同时,以依法治理规范综合治理,通过综合治理促进依法治理,从而在推进农村治理体系和治理能力现代化进程中,实现农村善治。

---

① 柴燕菲、汪恩民:《郁建兴论“三治”:政社关系的“哥白尼式”革命》,载中国新闻网:http://www.chinanews.com/df/2016/06-19/7909561.shtml,2020年1月10日最后访问。

② 邓大才:《走向善治之路:自治、法治与德治的选择与组合》,载《社会科学研究》2018年第4期。

③ 习近平:《决胜全面建成小康社会 夺取新时代中国特色社会主义伟大胜利——在中国共产党第十九次全国代表大会上的报告》,载《人民日报》2017年10月28日,第1版。

第一节 “能人治村”的发生

“能人”治理在中国已有相当长的实践历史，典型的制度是费孝通在《乡土社会》中概括为“既非民主又异于不民主”①的长老统治。此后，国家权力从农村消退，但农村与国家之间需要一个强力的纽带作为连接。一方面，国家需要在农村基层有代理人；另一方面，农村的发展需要有人引领。1980 年，四川广汉县向阳公社在全国第一个成立了乡政府。与此同时，全国部分地方农村基层组织出现了瘫痪、半瘫痪局面，农村事务没有人接管，于是，各地开始出现村民自治会、村民自治组、村民委员会等组织。②“村民委员会的功能，最初是协助政府维持社会治安，后来逐渐扩大为对农村基层社会、政治、经济、文化生活中的诸多事务的自我管理，村民委员会逐渐演变为基层群众自治组织。”③

改革开放后，中国社会进入急速发展时期，农村发展客观上更需要有前瞻性和敏锐洞察力的人来引领。而“能人”从一般意义上来讲都是在某方面取得成功的人，他们具有较强的才能和良好的社会资源。因此，“能人治村”这一模式得以复苏，重新在我国广大的农村地区焕发勃勃生机。从实践来看，“能人治村”模式能够在广大的农村地区大行其道，主要有以下三个原因。

第一，发展农村经济文化需要抓住机遇，“能人”则具有抓住机遇的这种能力。回顾黑豆峪村的历史发现，村集体经济落后、

① 费孝通：《乡土中国 生育制度 乡土重建》，商务印书馆 2016 年版，第 71 页。

② 参见白益华：《亲历村民委员会组织法制定（上）》，载《中国人大》2004 年第 4 期。

③ 白钢：《中国村民自治法制建设平议》，载《中国社会科学》1998 年第 3 期。

总量小,难以保障村民福利,严重制约了黑豆峪村的治理和新农村建设。在改革开放过程中,以村支书陈某某为代表的一些村民头脑灵活、眼光独特、熟悉市场经济规律,抓住了机遇,率先实现了自我发展致富。如同1992年邓小平考察南方几个经济特区时所强调的,“抓住时机,发展自己”,要“担心丧失机会”,否则“看到的机会就丢掉了,时间一晃就过去了”。[①] 这说明了机遇对发展的重要性。同理,农村想要发展,就必须抓住机遇。也就是说,农村经济社会的发展需要农村“能人”的机遇意识来引领。而且,农村“能人”大多具有较强的魄力和行动力,干劲十足,能够带领农民群众致富发展,自然也就能够获得村民的支持成为农村领导人。实践也证明,大多数“能人”当上村干部后,的确能够凭借自己的资源、能力带领村民共同致富。课题组调研的黑豆峪村的村支书陈某某就是这一类人。村民对调研组说道:“90年代末景区开发,因为不能使用大型机器,当时村书记带领村民们只能拿着铲子、锤子,推着手推车进行开发建设。”有村民说:“陈书记现在把村子发展得挺好的,尤其在景区发展方面,带领村民开发大溶洞景区,如果换其他人做村支书不一定能把村子发展好。”景区投入运营后,为村民们带来了良好的经济效益,大幅改善了村庄基础设施和提高了村民的生活质量。

第二,“能人”的自我实现需求。像陈某某这一类的“能人”村支书们大多是在改革开放的浪潮中发展起来的新精英阶层,他们通过抓住机遇实现自我发展致富,有的甚至创办了自己的企业。农村“能人”在解决自身发展致富问题后,为了在农村治理中发挥自己的作用,便于获得更高的社会地位和声望,或意图在自己出生、成长的地方“建功立业”“青史留名”,以实现自我价值,对农村

① 《邓小平文选》(第3卷),人民出版社1993年版,第375页。

公共事务的参与热情很高。也就是说,农村"能人"的自我实现需求推动他们积极参与农村公共事务,竞选村干部。

第三,政府需要"能人"来带领农村快速发展。21 世纪后,国家意识到农村的发展落后成为阻碍社会主义现代化进程的一大因素。党的十七大后,中央着力探索"能人治村"的新模式,大力支持农村"能人"参与村庄经济文化建设。党的十七届三中全会提出"注重从农村致富能手、退伍军人、外出务工返乡农民中选拔村干部"。[①] 随后,中共中央组织部提出要建设一支"政治素质好,带富能力强,协调能力强"[②]的"一好双强"型村党支部书记队伍。同时,乡镇政府是实现农村发展致富的"第一责任人",负有指导、支持和帮助村民委员会工作的职责,自身也有许多工作需要村委会的协助。[③] 这就需要像陈某某这样的"能人"。因为他们想干事、能干事、会干事且能干成事,能给农村发展注入活力,带领农村谋得更好的发展,带领村民脱贫致富,从而替政府分忧。可以说,陈某某能够再次当选村支书和村委会主任,离不开乡镇政府的支持。不过,这容易造成"能人"村干部"有恃无恐",不遵守法律,甚至可能出现违法违规行为。如在课题组的调研访谈中,一位副乡长说道:"村支书陈某某问题很多,这我们都知道。而且通过依法调查把陈某某'弄下去'也很简单,但问题是,他下去后,谁来干,干不好怎么办?"由此,就能深深体会到乡镇政府对"能人"的依赖和"不情愿"的支持。但是,从陈某某上任以来,黑豆峪村经济发展的巨大成就也是不容否认的。"能人治村"确实是一种

---

① 《中共中央关于推进农村改革发展若干重大问题的决定》,载中央文献研究室编:《十七大以来重要文献选编》(上),中央文献出版社 2009 年版,第 689 页。

② 《中共中央组织部关于关于加强村党支部书记队伍建设的意见》,中组发〔2009〕7 号。

③ 《村民委员会组织法》(2018 年修正)第 5 条。

推进农村发展、提升治理效能的重要模式。

总之，从平谷区积极推进“能人治村”模式的经验来看，在当地选拔治村“能人”担任村支书，支持他们参与村委会主任的竞选，是将基层治理带上良好发展道路，提升乡村治理效能的重要途径。

第二节 “能人治村”与村民参与的互斥

村民参与乡村公共事务的决策、执行以及监督等过程是一种政治参与。所谓政治参与，是指“平民试图影响政府决策的活动”。[①] “村民对村委会选举的参与是其‘制度化’政治参与的一个主要表现形式。”[②]也就是说，村民参与选举、参与乡村公共事务决策等，就是在试图影响村级政策的决定和执行。在实践中，村民参与并未得到良好的发展，呈现没有良好的输入性参与、日常治理中的参与感弱以及村民资源分配中的参与失效等特点。

一、村民没有良好的输入性参与

中国是一个历史悠久的国家，传统文化牢牢根植于人们内心深处。特别是在农村地区，宗法结构保持着巨大的稳定性，[③]村民们的传统宗法观念和人情社会思维在社会主义现代化过程中仍

---

① ［美］塞缪尔·P·亨廷顿、琼·纳尔逊：《难以抉择——发展中国家的政治参与》，汪晓寿、吴志华、项继权译，华夏出版社1989年版，第5页。

② 孙昕、徐志刚、陶然、苏福兵：《政治信任、社会资本和村民选举参与——基于全国代表性样本调查的实证分析》，载《社会学研究》2007年第4期。

③ 参见金观涛、刘青峰：《兴盛与危机：论中国社会的超稳定结构》，香港中文大学出版社1992年版，第196页。

然被保存了下来。平谷区地处北京市东部,属于后发型地区,农业仍占很大比重。这导致村民的参与行为不仅受到社会主义民主的熏陶,民主、权利意识开始觉醒;同时,还受传统文化的影响,使其本身的自由平等权利受到一定形式的不合理限制,从而导致他们的参与行为与现代民主、法治等的要求还有一段距离。

从村民对决策的实质影响角度来看,村民公共参与大致可分为输入性参与和输出性参与。输入性参与,是指村民为村庄公共权力的决策"输入动力和信息",从而影响乡村公共权力决策和运作的行为,这一"动力和信息"有可能来自对村庄决策的执行;输出性参与,是指村民对本村的决策"加以贯彻和实施"的行为。[①]

村民的输入性参与受制于诸多因素。其主要有三个因素:村民政治参与的冷漠感;基层缺乏良好的自治实践与训练;村民对村治信息不够了解。[②] 这三重因素叠加,使村民对民主参与的价值认识不足,[③]缺乏主动参与的动力。这些因素制约着村民自治的发展,阻碍了村民的输入性参与,使其很难对村庄发展提出建设性的意见和建议。

相较输入性参与,村民的输出性参与则发展较好。陈某某这类人是在市场经济浪潮下成长起来的"能人",拥有良好的规则意识和管理能力,决策、组织能力较强,掌握着丰富的资源。他凭借极高的威望和很大的影响力,争取村民支持其主导的决策,从而使村民有较良好的输出性公共参与,能够按照村既定的决策部署开展生产生活。

---

① 参见陶东明、陈明明:《当代中国政治参与》,浙江人民出版社1999年版,第130~131页。

② 参见裘斌、卢福营:《论能人治理下普通村民公共参与的非均衡性》,载《天津社会科学》2011年第3期。

③ 同上。

二、村民在日常治理中的参与感弱

按照法律规定，村“两委”成员需要由村民选举产生，这一过程村民的公共参与是良好的。但村“两委”成员确定后，就进入了村务的日常治理，此时，村民已经“退场”，其参与在一定程度上得不到保证。调研组发现，谈及村务参与，村民们一脸淡然，表示参与与否都无所谓。因为缺少有效的协商途径，村民的意见在村务决策中得不到采纳，基本上都是“村支书一个人说了算”。

这说明日常村务治理中，“能人治村”在一定程度上导致村民的参与感降低了，使“能人治村”与民主参与之间存在一定的张力。赵晓峰、林辉煌针对这一问题提出了独到的见解。他们认为，无论“能人治村”与村民参与之间的排斥，“是能人在治村实践中的主观行为还是客观行为所导致的，这种过强的政治排斥机制都与农村基层民主的发展诉求之间潜藏着巨大的张力”。[①] 这源于村民缺乏约束村干部的办法。半熟人社会使村民之间更难形成共同体意识，他们认为，自己过度关注村务是在“为他人作嫁衣”，村里的事情虽谈不上与己无关，但关系也不大，不需要关注过多。[②] 而不关注村务的村民自然也就难以对“能人”村干部的治村行为进行有效监督，参与成为“空谈”，“能人”村干部也没有动

---

① 赵晓峰、林辉煌：《富人治村的社会吸纳机制及其政治排斥功能——对浙东先锋村青年农民精英治村实践的考察》，载《中共宁波市委党校学报》2010 年第 4 期。

② 参见贺雪峰：《论半熟人社会——理解村委会选举的一个视角》，载《政治学研究》2000 年第 3 期。贺雪峰在此文中还对“半熟人社会”作出了解释。他认为，经历过几次乡村行政规划调整后，行政村的熟人在很大程度上不同于自然村的熟人。自然村是地理因素决定的，村民们世代相邻而居，有共同的生活空间，相互知根知底。行政村是规划的产物，村民们虽然拥有相同的行政空间，但不一定有共同的生活空间。行政村虽然为村民提供了相互脸熟的机会，却未能为村民提供充裕的相互了解的公共空间，村民们的日常活动主要在本自然村内，如串门、拜年、办红白喜事，举行各种仪式，等等。这类行政村，不可以被称为“熟人社会”，但可以被称为“半熟人社会”。

员村民参与的动力,因而普通村民的参与效率降低、参与感减弱。如此往复,村民参与村庄公共事务的愿望可能会逐渐被消解,政治参与积极性便会大打折扣。

三、村民的资源分配参与失效

农村是一种基层自治共同体,其为村民的生产生活及发展提供物质条件等支持,使村民能够共享公共资源,这也使农村必然存在公共资源的分配和调节,[①]如土地的承包就是典型的资源分配。但是,在资源分配过程中,以农村"能人"为首的村"两委"班子成员基本上掌握了资源分配权力,普通村民缺乏有效参与。通过对实践的观察和调研,课题组发现,在农村集体资产经营中,村委会成员是实际负责具体经营的人,他们能够决定谁能参与这个经营过程。这就导致,参与经营者大多与村"两委"成员关系亲近,甚至是村委会主任的亲戚,如同黑豆峪村的村民所说,"村里贫富差距大,富人多是在景区工作的人;村里有 1/3 的人在景区工作,并且多是跟村干部沾亲带故的人"。他们在这一过程中比其他村民分享了更多村集体公共资源。并且,在其他资源分配中,与村"两委"成员关系密切的人往往能够分得较好的资源。而在海子村,1997 年有公司到海子村开发项目,征地近 500 亩,并将征地补偿款付给了村委会,但是村委会并未将补偿款分到村民手中。由此可以看出,普通村民缺乏参与资源分配的有效途径,导致村民的资源分配参与失效,这虚化了村民的参与权利。

---

① 参见邓睿:《经济能人治村情境下普通村民政治参与边缘化——一种类差序格局的分析视角》,载《成都理工大学学报》(社会科学版)2014 年第 5 期。

第三节 “能人治村”下的村民参与制度的完善

结合课题组调研的几个村的情况来看,村民参与现状不甚理想。如黑豆峪村曾出现拉票贿选的情况;而工作组进驻海子村后,大小村务基本是工作组与海子村委会协商决策,村民很难参与其中。因此,需要立足于当前村民参与现状,完善村民参与制度。

一、民主参与现状:以黑豆峪村为例

黑豆峪村有农业户600余户,1000多人口,党员有200余人。2009年,黑豆峪村成立北京湖溶飞旅游资源开发有限公司(以下简称旅游公司)管理开发景区,公司出资人有5个,其中,黑豆峪村民委员会持股15%,村支书陈某某持股5%,并担任公司法定代表人(现已变更为李某某[①])。旅游公司旗下所有产业都是基于村集体资源所得,如各大景点所占用的景区资源都属于集体资源,但村集体只占股15%,股权占比太少,村委会不能实际控制该公司。

公司每半年向村“两委”作一次报告,且只作口头报告。涉及新景区开发和基础设施翻新等重大问题会在村民会议上征求村民意见。但村民的意见是否应当采纳、如何采纳,则没有相应的标准。同时,村务没有充分向村民公开,村民的参与权没有保障,监督权也难以发挥作用。由于村委会在旅游公司中表决权份额

---

① 资料来源:百度企业信用网:https://xin.baidu.com/company_detail_29035671430712?rq=ef&pd=ee&from=ps&tab=basic,2019年12月20日最后访问。

太少,不能控制公司经营,而且在实际管理中,“都是村支书陈某某一个人说了算”,这容易导致村集体资产流失,损害村集体利益。

二、村民参与制度的完善方向

农村基层自治有民主选举、民主协商、民主决策、民主管理、民主监督五个要求。民主选举是后续“四个民主”的基础,也是推进基层民主制度的关键。2018 年修正后的《村民委员会组织法》第三章,对村民委员会的选举过程规定得较完善。但《村民委员会组织法》对村民自治中的民主决策、民主监督和民主管理的规定则较粗糙,有待进一步细化。而农村民主协商是由习近平总书记提出的,待适时修法时,应当将其纳入基层自治的法定内容。

(一)民主选举制度

农村自治制度的发展历程充满了风霜,农村民主选举制度也一度遭受怀疑。但民主选举是农村自治制度的生命力所在,因而中央坚定不移地支持实施 1987 年制定的《村民委员会组织法(试行)》所规定的民主选举制度,[①]并着力推动完善这一制度。1994 年召开的全国农村基层组织建设工作会议、1998 年召开的党的十五届三中全会以及在党中央、国务院召开的多个重要会议上,都明确要求建立健全村委会选举制度及其他村民自治制度,推动农村基层民主的发展。1998 年第九届全国人大常委会第五次会议对《村民委员会组织法(试行)》进行了大幅度修改,通过了《村民委员会组织法》。这次修法把村委会选举 10 多年的实践发展总结上升为法律制度,规定了选举委员会制度,[②]进一步完善了农村

---

① 参见《村民委员会组织法(试行)》(1987 年)第 9 条。

② 参见《村民委员会组织法》(1998 年修订)第 13 条。

基层自治组织的选举制度，促进了村民选举权的实现。2009 年 5 月《中共中央办公厅 国务院办公厅关于加强和改进村民委员会选举工作的通知》（中办发〔2009〕20 号），2010 年 9 月《民政部关于切实加强村民委员会选举工作指导的意见》（民发〔2010〕109 号）等文件对完善村委会选举作出了具体指引。2010 年《村民委员会组织法》再一次修改，进一步完善了村民选举委员会的组成和推选程序，并增加了选民登记的内容。①

民主选举是推行国家治理体系和治理能力现代化、制度化实现公民政治权利的基本要求，也是我国《宪法》的要求。这一要求的实现需要由法律来完成。《村民委员会组织法》第三章规定了村委会成员的选举制度，为村民选举权利的实现提供了制度保障。该章规定，在村民委员会选举前，应当公布有选举权和被选举权的村民的名单；实行差额选举；选举村民委员会，有选举权的村民的过半数投票，选举有效；候选人获得过半数的选票，始得当选。② 同时，《村民委员会组织法》为防止不正当选举，保证选举结果的公平、公正和符合民主精神，规定以威胁、贿赂、拉帮结派、伪造选票等不正当手段当选的，选举结果无效。③ 扩大农村基层民主，民主选举是基础。选举制度能够提高权力的合法性和民意基础已成为共识。村民参与村级直接民主选举，有助于农村基层自治组织获得坚实的群众信任基础和民意基础，保证农村自治组织活动的民主正当性和合法性。平谷区各村严格遵循民主选举制度，使村干部的治村行为具有良好的民意基础和正当性、合法性来源。

但在实践中，农村基层自治组织的选举可能会受到利益的支

① 参见《村民委员会组织法》（2010 年修订）第 13 条。
② 参见《村民委员会组织法》（2018 年修正）第 14 条、第 15 条。
③ 参见《村民委员会组织法》（2018 年修正）第 17 条。

配。如同徐勇的主张,支配和影响村民选举的因素主要是政治参与的利益,既包括集体公利、小团体共利,也包括个人私利。[①] 在平谷区的调研中,有部分村民告诉课题组,在村委会选举投票中,“一般会投给与自己关系比较密切或者照顾自己利益的候选人”,这种政治参与行为受到“私利”的因素影响较多;也有部分村民提出,他们“一般都将选票投给能带动村庄发展、有利于村集体的人”,这种政治参与含有较多的“公利”因素。可以认为,这是利益驱动下的政治参与。进一步分析课题组发现,在黑豆峪村等农村“两委”的选举具有以下三个重要特征。

第一,竞选者大多是村级“能人”。传统的村级“能人”,如宗族族长、乡绅等均已不再存在,新兴精英是村级领导人的有力角逐者。课题组调研的平谷区几个村,担任过村委会领导的人都是在本村“数一数二”的人物,他们或是本村的富人,或是本村“有门道”的人,甚至是本村唯一的大学生。如陈某某 1989 年担任村支书时就是黑豆峪村唯一的大学生,在本村知名度很高。其他曾担任过黑豆峪村村支书的人以及其他村的“两委”成员都是当地能力突出的人。市场经济的快速发育导致村集体成员在经济上的分层愈发明显,“陈某某们”凭借在政治、经济、社会等方面的出众能力,积攒了财富以及各种资源,一跃成为乡村“能人”。互联网通信在全国普及后,信息流动加快,村民对这些村级“能人”有更充分的了解,甚至对他们的“发迹史”都了然于胸。由这类人担任村干部,村民们“心里有底”。而有实力参与村“两委”成员竞选的人,也大多是这些村级“能人”。

第二,拉票贿选在一定历史时期内存在。由于行政村属于半

---

① 参见徐勇:《利益与体制:民主选举背后的变数分析》,载徐勇:《徐勇自选集》,华中理工大学出版社 1999 年版,第 298 ~ 299 页。

熟人社会，受人情因素等影响，基层选举一直存在拉票贿选等选举不规范的情况。不过，这一情况已经有所转变。在经历了长时期的民主自治与法治的实践后，拉票贿选逐渐丧失了其生长的土壤。如在课题组调研的黑豆峪村，村民坦然道：“几年前村里每当选举时拉票现象很严重，拉票形式主要是请村民吃吃喝喝，不过现在这种现象已经好转。”

第三，血缘和地缘因素能影响选举。“血缘和地缘的一体化是中国农村社区的突出特点。”①宗族常常利用地缘因素来发挥自己的影响。② 行政村一般由几个不同的自然村组成，不同的自然村一般聚居了不同的宗族，自然有不同的利益诉求。村干部往往会利用自己的职务之便，在分配资源时相对倾斜向自己所在的自然村，这使农村民主选举不仅有利益博弈，还糅合了血缘和地缘因素。

虽然这些问题并不会在根本上影响村委会选举制度的正常运转，毕竟村民参与选举必定会考虑村庄集体利益，因为通过30多年民主自治训练获得的理性能力，使其明白村集体利益发展了，其个人利益才会获得更进一步的发展，从将选票投给对自己有利同时对村集体发展也有利的候选人。但单凭“能人”的自觉或村民的有限理性是不够的，有必要进一步完善民主选举制度。③从候选人的资格认定、推荐等方面加强防止拉票贿选的制度建设；从民主的程序和实质两方面，探索激发村民参与选举积极和

---

① 张厚安、徐勇、项继权等：《中国农村村级治理——22个村的调查与比较》，华中师范大学出版社2000年版，第25页。

② 参见贺雪峰：《论半熟人社会——理解村委会选举的一个视角》，载《政治学研究》2000年第3期。

③ 对于这一问题，中央也有相关文件作了要求，但有待进一步加强实践。参见中共中央办公厅、国务院办公厅印发《关于加强和改进村民委员会选举工作的通知》，中办发〔2009〕20号。

热情。通过保障村民参与着力推进选举制度的进一步完善。

(二)村民会议与村民代表会议制度

村“两委”是管理村日常自治事务的组织,而村民会议与村民代表会议(以下合称“村两会”)是实现民主协商和民主决策的场所和制度保障。

如前所述,农村“能人”掌握着村集体最丰富的资源,特别是“能人”村干部,掌握了村集体的绝大部分资源,在资源的再分配过程中,不可避免会出现些许不公正的现象,同时,也会伴随不规范现象。

黑豆峪村委会将一部分土地出租给旅游公司开发景区,并以此作为旅游公司的设立出资,但村委会是否与旅游公司签订土地出租协议,不得而知。以财产出资设立公司,实际是将财产的所有权、使用权让渡与新设立的公司,应被理解为财产权利的处分。村委会以出租土地作为出资形式,很大程度上已经超出了日常事务的范畴。而且,村委会以农村集体经济组织财产出资设立公司,却未经“村两会”中的任何一个讨论决定,已经超出了权限,违反了法律的规定。根据我国《村民委员会组织法》的规定,以借贷、租赁或者其他方式处分村集体财产,经村民会议讨论决定方可办理。[①] 很明显,黑豆峪村委会违反了法律规定。有村民告诉课题组,“景区一年的收入上亿元,但村民并未分得太多收益。村民会议和村民代表会议也没有实质发挥过对村委会的监督作用”。“陈某某违规建设房地产、庙宇、牌坊,让村里损失几千万

---

① 参见《村民委员会组织法》(2018年修正)第24条第1款第8项。本法第24条第1款还规定,本村享受误工补贴的人员及补贴标准,村集体经济所得收益的使用,本村公益事业的兴办和筹资筹劳方案及建设承包方案,土地承包经营方案,村集体经济项目的立项、承包方案,宅基地的使用方案,征地补偿费的使用、分配方案等涉及村民利益的重要事项应当经过村民会议或村民代表会议讨论决定后方可办理。

元。”由此说明,“能人”的治村行为应当受到约束,否则会损害集体利益。

为尽量避免在资源分配过程中的权力寻租,《村民委员会组织法》将重大事项的决定权交予“村两会”行使。同时,该法第10条规定,村民委员会及其成员应当执行村民会议、村民代表会议的决定、决议。“村民会议由村民委员会召集,如果有十分之一以上的村民或者三分之一以上的村民代表提议,应当召集村民会议。”①由此可知,村民会议具有法律赋予的决定村中大事的权力。同时,考虑农村实际情况,《村民委员会组织法》还规定了村民代表会议制度,保障农村居民民主权利实现的同时满足村务决策的效率要求。“村民代表会议由村民委员会召集。原则上每季度召开一次,如果有五分之一以上的村民代表提议,应当召集村民代表会议。”②也就是说,村民代表会议应当有稳定的会期,且1/5以上的村民代表提议,就应当召集村民代表会议。而且,相对普通村民而言,村民代表大多具有较高的素质和较大的社会影响,议事能力较强,能够较有效地参与农村公共事务的管理和运作。在农村居民的政治、文化素质普遍较低,议事能力不强的背景下,村民代表会议在村民自治中有良好的实际影响和积极作用。

但是,我国《村民委员会组织法》未规定村民会议的年度会议频次和应当召集村民会议的事务情形,仅规定了1/10以上的村民或1/3以上的村民代表提议应当召集村民会议。另外,村民代表会议由村民委员会召集,或者经1/5以上的村民代表提议时召集。同时,法律并未规定村委会应当在多长时间内召集“村两会”,何时召集主要由村委会决断,给村委会留了太多裁量空间。

---

① 《村民委员会组织法》(2018年修正)第21条第2款。
② 《村民委员会组织法》(2018年修正)第26条第1款。

这使“村两会”对村“两委”的制约与监督效能大打折扣,且在一定程度上侵害了村民的民主自治权利。而且,村委会在遇到与村民或村民代表意见相左的情况时,就可能钻法律的“空子”,选择实施完自己的决策后再召集村民会议或村民代表会议,从而导致“村两会”无甚效能却又不可抛弃,沦为乡村治理的“鸡肋”组织。

课题组认为,在黑豆峪村这种资源比较丰富的地方,应当重视发挥村民会议和村民代表会议的作用,加强村民参与、发挥制度效能,防止集体资产的流失。需要说明的是,村民会议拥有村级最高自治权力,可以对本村自治范围内的任何事项进行议事决策,包括有关景区资源的开发,村民会议或村民代表会议均可决策。另外,村民自治章程应当规定村民会议的开会频次,细化应当召集村民会议和村民代表会议的情形,明确村委会收到召集提议后作出召集会议决定的时限,强化“村两会”的监督效能。村民或村民代表可以在参加会议时,充分表达自己的意见和建议,参与讨论决定涉及全村村民利益的重大事项,从而行使当家做主的权利。①

同时,需要建立健全村务异议制度。当1/10以上的村民或者1/5以上的村民代表对村委会的某项村务决定提出异议,并要求召集村民会议或村民代表会议讨论时,应当暂停被异议决定的执行。但如果不执行该村务决定就会对国家利益、社会利益、全体村民的利益造成不可弥补的重大损失,或者有紧急情况时,则应当先予执行被异议村务决定,待村民会议或村民代表会议作出最终决定时,再视情况作出相应变动或弥补。因为在村民或村民代表提议召集会议的情况下,表明有相当一部分村民已经对村务

① 参见广新力、张日新:《“能人治村”与村民自治组织治理》,载《南方农村》2004年第6期。

决定表示了不认同,如果仍然继续执行村务决定,可能加剧村委会与村民之间的矛盾,对村民的参与积极性也会造成很大的打击,不利于基层民主自治制度的建设。从这个角度来看,建立健全村务异议制度是有必要且有意义的。

(三)村务公开制度

村务公开是民主监督的一项内容,也是村委会的日常工作。村务公开起源于村民在自治过程中的创新。1989年河北省藁城县委、县政府发布了《关于全县农民实行“八公开、一参与、一监督”的决定》首次提出建立村务公开制度。1990年12月中共中央关于批转《全国村级组织建设工作座谈会纪要》提出建立村务公开程序,村委会应当接受村民监督。随后,在中央部委的努力下,村务公开制度逐渐完善。[①] 在1998年和2010年两次修改《村民委员会组织法》时,总结村务公开实践,对村务公开制度作了进一步完善,并明确了应当公开的村务。[②]

公开是推动公正的重要制度。村务公开是村民对村委会进行监督的前提和基础,[③]是实现村级事务民主决策、民主管理和民主监督的重要方式,是村民实行自我管理、自我教育、自我服务的客观要求和必然选择。早在1997年,民政部就已经指出,“我国农村社会主义市场经济和民主法制建设的实践证明,广大农民群众在积极发展经济的同时,要求民主决策、民主管理、民主监督农

---

① 参见傅伯言、汤乐毅、陈小青:《中国村官》,南方日报出版社2001年版,第147~148页。

② 2009年2月24日《中央纪委、中央组织部、中央农村工作领导小组办公室等关于开展村务公开和民主管理“难点村”治理工作的若干意见》、2012年2月21日《全国村务公开协调小组2012年工作要点》等文件说明了实行村务公开和民主管理的意义,对村务公开的具体内容和制度建设提出了具体的要求和指导。

③ 参见刘美萍:《农村经济精英政治参与存在的问题及化解策略》,载《山西农业大学学报》(社会科学版)2011年第5期。

村各项事务的愿望在不断增强。……事实表明，一些地方由于村务不公开或公开的程度不够，造成了干群矛盾尖锐，影响了农村社会稳定。而村务公开则强化了民主监督，密切了干群关系，促进了基层廉政建设，有利于社会稳定，符合时代精神。”①

总的来说，精细翔实的村务公开，能够保障村民的知情权，使农村工作逐步走上规范化和制度化的轨道，有利于发展农村基层民主，进一步扩大人民民主，有利于引导农村干部依法建制、以制治村，正确执行党的群众路线、党中央和国务院的政策，使村干部按章办事，做好工作。②

但在实践中，村务公开并不理想。课题组调研时就有村民不满道：“村里的账目虽然也公开，但是仅仅做一些表面工作。”“旅游公司的财务去向不明，开会时只做朗读报告，村民无法获得详细信息。”由此说明，没有良好的制度约束，村务公开难免会在一定程度上流于形式。这容易引发干群矛盾，也不符合时代精神。

为解决村务公开中的痼疾，中共中央办公厅、国务院办公厅以及民政部都专门制定了规范性文件，③对健全村务公开制度作出了较详细的规定。具言之，村务公开要从办理结果公开延伸到事前、事中、事后全过程公开，“要从农民群众普遍关心的和涉及群众切身利益的实际问题入手，凡属群众关心的热点问题，以及村里的重大问题都应向村民公开。如新上的经济项目，村里的财

---

① 《民政部关于进一步建立健全村务公开制度深化农村村民自治工作的通知》，民基发〔1997〕23 号。

② 参见《中共中央办公厅　国务院办公厅关于在农村普遍实行村务公开和民主管理制度的通知》，中办发〔1998〕9 号。

③ 《中共中央办公厅　国务院办公厅关于在农村普遍实行村务公开和民主管理制度的通知》（中办发〔1998〕9 号）、《中共中央办公厅　国务院办公厅关于健全和完善村务公开和民主监督制度的意见》（中办发〔2004〕17 号）、《民政部关于做好村务公开目录编制工作的指导意见》（2007 年 9 月 13 日发布）。

产和财务收支,征用土地和宅基地审批,计划生育指标,提留统筹方案及其他农民负担(包括劳动积累工和义务工),集体土地和经营实体的承包,救灾救济款物的发放,村干部年度工作目标、工资奖金和功绩过失情况及其他公共事务等。要随着形势的发展变化和村民的要求,及时调整、充实村务公开的内容”,[①]应当形成制度约束和考核机制,使村民能够通过村务公开栏等途径获取村务信息。同时,建立村务公开事项清单,确保村民群众了解应当公开的村务事项,以村务公开促进村民参与,切实发挥村务公开的功能,促进村民自治制度的发展和完善,有利于基层民主的建设和发展。健全村务公开制度,应当以财务公开和一般事务公开两个方面为制度抓手。

1. 财务公开

财务事项历来是村民最关心的,财务公开也是村务公开的重点。根据《村民委员会组织法》和党中央、国务院发布的《中共中央办公厅　国务院办公厅关于在农村普遍实行村务公开和民主管理制度的通知》(中办发〔1998〕9号)、《中共中央办公厅　国务院办公厅关于健全和完善村务公开和民主监督制度的意见》(中办发〔2004〕17号),以及民政部发布的《民政部关于进一步建立健全村务公开制度深化农村村民自治工作的通知》(民基发〔1997〕23号)、《民政部关于做好村务公开目录编制工作的指导意见》(民发〔2007〕136号)等系列文件,以及2012年修改后的《北京市实施〈中华人民共和国村民委员会组织法〉的若干规定》[②](以下简称《北京市若干规定》)要求建立健全村务公开制

① 《中共中央办公厅　国务院办公厅关于健全和完善村务公开和民主监督制度的意见》,中办发〔2004〕17号。

② 《北京市实施〈中华人民共和国村民委员会组织法〉的若干规定》,北京市第十三届人民代表大会常务委员会第三十五次会议修订。

度，逐项逐笔向村民公开所有收支的明细账目，让群众了解、监督村集体资产和财务收支情况，[①]规定应当公开的财务事项有：土地征用补偿及分配、农村机动地和“四荒地”发包、村集体经济所得收入及使用、村干部报酬、农村集体资产和资源处置情况，村集体债权债务、村内“一事一议”筹资筹劳，以及社会各界支持新农村建设项目、新农村建设的各项资金及其使用情况等事项。农民群众要求公开的其他事项，也应公开。集体财务往来较多的，财务收支情况应每月公布一次。[②] 村委会应当严格按照法理法规和文件要求，落实财务公开制度，保障村民的知情权。

2. 一般事务公开

一般事务包括政务和村自治事务。政务主要指国家政策，包括国家在农村地区实施的方针、政策。

虽然在互联网时代，大部分的政策都能从网上检索、查询到，但不是所有农村居民都掌握了互联网检索技能，因而对于很多政策他们只能通过传统的公开途径获知，如通过村务公开栏张贴的内容来了解政策。并且，通过一定方式和途径向村民公开涉农政策、农村自治事务也是村委会的法定职责。需要公开的政务主要是各级党委政府支农惠农政策如计划生育政策落实、救灾救济款物发放、税费改革和农业税减免政策、新型农村合作医疗情况、农村大病救助落实、农村最低生活保障资金分配、种粮直接补贴、购

---

① 《物权法》第62条也规定，村民委员会、村民小组应当依照法律、行政法规以及章程、村规民约向本集体成员公布集体财产的状况。

② 参见《中共中央办公厅　国务院办公厅关于在农村普遍实行村务公开和民主管理制度的通知》（中办发〔1998〕9号）、《中共中央办公厅　国务院办公厅关于健全和完善村务公开和民主监督制度的意见》（中办发〔2004〕17号）、《民政部关于进一步建立健全村务公开制度深化农村村民自治工作的通知》（民基发〔1997〕23号）、《民政部关于做好村务公开目录编制工作的指导意见》（民发〔2007〕136号）、《北京市实施〈中华人民共和国村民委员会组织法〉的若干规定》第19条第1款第1项和第2项。

置农机具补助、宅基地审批、退耕还林还草款物兑现,以及国家其他补贴农民、资助村集体的政策落实情况等事项。[①]《北京市若干规定》第28条作出了更细化的规定:村社会保障、合作医疗、优抚救济政策、工作措施和落实情况,政府拨付和接受社会捐赠的救灾救助、补贴补助、支援新农村建设等资金、物资的管理使用情况也应当公开。

《村民委员会组织法》规定自治事务应当向村民公开。[②] 村民自治范围内的事项,村委会需要向全体村民公开公共事务、社会公益事业办理情况,村民会议、村民代表会议讨论决定的有关事项及其办理情况等事项。如农转非情况,村民委员会协助政府开展工作的情况,村民自治章程、村规民约的制定实施情况,群众比较关心的热点、难点问题,以及应当让群众广泛知晓或参与的其他事项等也应当公开。[③]

(四)村务监督委员会制度

村干部运用公共权力的行为需要受到监督,避免课题组调研中出现的“现任村书记部分决定浪费旅游公司收入”现象。为防止村干部滥用权力,约束其治村行为,《村民委员会组织法》规定了村务监督委员会制度。

村民自治法制体系在不断地完善村务监督委员会的职能配置,丰富其监督村委会的手段。我国《村民委员会组织法》第32条规定,村应当建立村务监督委员会,负责村民民主理财,监督村务公开等制度的落实。《北京市若干规定》还补充规定了村务监督委员会的产生、组成、职责等。实践证明,只有把“能人”村干部

---

① 参见《村民委员会组织法》(2018年修正)第30条、《中共中央办公厅 国务院办公厅关于健全和完善村务公开和民主监督制度的意见》(中办发〔2004〕17号)。

② 参见《村民委员会组织法》第23条、第24条和第30条。

③ 参见《北京市实施〈中华人民共和国村民委员会组织法〉的若干规定》第28条。

的治村行为纳入监督下,才能保障“能人治村”下村民民主参与的权利得到实现,促进基层民主制度的发展。

(五)罢免制度

从理论上讲,村干部是由村民选举出来的,应当成为村民利益的代表者和村庄利益的维护者。从文化上来讲,基于对村庄的认同和共同体意识,维护村民的利益能够使村干部在面子、荣耀和心理上得到满足。[①] 但是,现实中,行政村属于半熟人社会,是低度社会关联型村庄(村民之间相互调用关系的能力低),[②]村民都是原子化的,村干部很难获得统一的支持和认同。这就导致,村干部在谋求集体利益时夹带自己的利益。

为避免村干部过分考虑自己的利益,《村民委员会组织法》规定村干部可以享受误工补贴,但应当接受村民会议或者村民代表会议的民主评议。民主评议每年进行一次。村民委员会成员、村务监督机构成员连续两年被评议不称职的,应当主动辞职;拒不辞职的,应当启动罢免程序。[③] “本村五分之一以上有选举权的村民或者三分之一以上的村民代表联名,可以提出罢免村民委员会成员的要求,并说明要求罢免的理由。被提出罢免的村民委员会成员有权提出申辩意见。罢免村民委员会成员,须有登记参加选举的村民过半数投票,并须经投票的村民过半数通过。”[④]法律虽然规定了罢免制度,但是,对如何实施罢免的规定并不够明确具体,可操作性不强。村民可以向谁提出罢免,是向村委会提出还

① 参见贺雪峰:《论民主化村级治理的村庄基础》,载《社会学研究》2002 年第 2 期。

② 参见贺雪峰、仝志辉:《论村庄社会关联——兼论村庄秩序的社会基础》,载《中国社会科学》2002 年第 3 期。

③ 参见《村民委员会组织法》(2018 年修正)第 33 条、《北京市实施〈中华人民共和国村民委员会组织法〉的若干规定》第 33 条。

④ 《村民委员会组织法》(2018 年修正)第 16 条。

是向村民会议或村民代表会议提出？罢免的理由正当性由谁审核认定？村民委员会成员可以向谁提出申辩意见？通过召集村民会议或村民代表会议，抑或是专门的罢免会议举行罢免投票？罢免后如何进行补选？这些问题都没有明确规定，也缺乏具体的操作细节，加之农村“能人”具有强大的影响力和人际关系，村民难免会担心提出的罢免一旦不能获得通过，可能会产生被边缘化的问题，最终导致罢免权无法真正实现。

（六）其他制度

我国《村民委员会组织法》第 10 条规定，村民委员会及其成员应当遵守并组织实施村民自治章程、村规民约，接受村民监督。

1.“小微权力”清单制度

2018 年发布的中央 1 号文件提出在农村建立“小微权力”清单制度，并要求规范“小微权力”的运作流程、重视对“小微权力”的制约监督和加大对“小微权力”的腐败惩处等。[①] “小微权力”清单制度能进一步规范能人的治村行为，防范腐败，使村级公共权力的运行公开透明。

2. 村民自治章程和村规民约

村民自治章程是全体村民的行为准则，是实现村民自我管理、自我服务、自我教育、自我监督的重要制度保障。通过制定并执行自治章程，能够提高村民的民主和法治意识，从而约束“能人”的治村行为。

村规民约是村民进行自我管理、自我服务、自我教育、自我监督的行为规范，对引导基层群众有序参与村、社区事务，加强村、社区治理，弘扬公序良俗，起到了积极作用。同时，村规民约也是引导基层群众践行社会主义核心价值观的有效途径，是健全和创

---

① 参见《中共中央 国务院关于实施乡村振兴战略的意见》，中发〔2018〕1 号。

新党组织领导下的自治、法治、德治相结合的现代基层社会治理机制的重要形式。①

自治章程和村规民约的制定应当有村民参与。自治章程和村规民约制定时应当广泛征求民意,坚持民主协商,听取驻村党代表、人大代表、政协委员、机关干部、法律顾问、妇联执委等意见建议,完善审议表决程序。自治章程和村规民约通过后,应当及时报乡镇党委、政府备案。同时,应当坚持问题导向,坚持法治原则,服从上位规范,不得违背宪法和法律精神,不得侵犯国家、集体利益和群众合法权益。② 离开对村民自治章程和村规民约的合法性的监督,要想真正发挥其在依法实现村民自治、保障村民合法权益方面的作用就是十分困难的。这一过程需要村民的实质参与。此外,基层党组织要积极发挥其在自治章程和村规民约制定过程中的主导作用,全过程指导或修订自治章程和村规民约。

3. 完善经营集体资源的公司表决权制度

以公司形式经营集体资源的,应当注重完善公司董事会的表决权制度。如在黑豆峪村,应当重新分配旅游公司表决权,村委会应当成为公司的实际控制人。可以考虑将以村集体名义让渡出的土地使用权、景区资源等权利折算成相应股权,实现村委会控股,以便代表村民实际控制旅游公司;或者修改旅游公司章程,赋予村委会特别表决权,允许村委会在公司经营中可以一票否决。如此,“村两会”或村民委员会通过的决定,由村委会贯彻到公司经营中,促进景区开发利用,为村民谋得更多福利,防止旅游公司股东借机侵占集体资源。

---

① 参见《民政部、中央组织部、中央政法委、中央文明办、司法部、农业农村部、全国妇联关于做好村规民约和居民公约工作的指导意见》,民发〔2018〕144 号。

② 参见《民政部、中央组织部、中央政法委、中央文明办、司法部、农业农村部、全国妇联关于做好村规民约和居民公约工作的指导意见》,民发〔2018〕144 号。

第四节 总结

“中国的‘能人’往往是一个既定社会网的中心人物，具有较强的政治能人色彩。”①农村“能人”构成了农村的中心，其作用通过治村行为发挥出来。实践表明，“能人”治理能够让农村地区变得更有活力，使农村发展更迅速，也能为村民带来更多福利。这是农村经济社会发展的要求，也是国家赋予农村能人的时代使命和重要责任。他们可以通过村级组织，如通过选举成为村“两委”成员，构建、维护村庄秩序，发挥村庄秩序的建设性功能和保护性功能。②

党的十九届四中全会《决定》强调，“我国是工人阶级领导的、以工农联盟为基础的人民民主专政的社会主义国家，国家的一切权力属于人民”。③ 中国特色社会主义民主要求必须坚持人民主体地位，“健全民主制度，丰富民主形式，拓宽民主渠道，依法实行民主选举、民主协商、民主决策、民主管理、民主监督，使各方面制度和国家治理更好体现人民意志、保障人民权益、激发人民创造，确保人民依法通过各种途径和形式管理国家事务，管理经济文化

---

① 罗家德、孙瑜、谢朝霞、和珊珊：《自组织运作过程中的能人现象》，载《中国社会科学》2013 年第 10 期。

② 建设性功能可以增加村庄和村民收益。如经济的协作、道德的保持，可以降低村民生产生活中的交易成本。而保护性功能可以保护村庄和村民合法权益不受侵犯。参见贺雪峰、仝志辉：《论村庄社会关联——兼论村庄秩序的社会基础》，载《中国社会科学》2002 年第 3 期。

③ 《中共中央关于坚持和完善中国特色社会主义制度 推进国家治理体系和治理能力现代化若干重大问题的决定》，载《人民日报》2019 年 11 月 6 日，第 1 版。

事业,管理社会事务”。①

村民自治能够促进中国民主进程的发展。2019 年 11 月 2 日,习近平总书记在上海长宁区虹桥街道古北市民中心考察社区治理和服务情况期间强调,“我们走的是一条中国特色社会主义政治发展道路,人民民主是一种全过程的民主”。② 这是习近平总书记对我国民主制度的最新概括,也是我国民主制度的最新发展。村民自治是发展社会主义民主的基础性工作,不同的村民对村庄公共事务的参与能力不同,为消解“能人”治理对村民公共参与的制约,应当积极推进协商民主价值取向的基层群众自治制度建设,通过完善和创新村民公共参与制度,让普通村民和治村“能人”之间的沟通渠道畅通,增强普通村民在村庄公共权力运作中的作用和影响力,促进村民对村庄公共事务的全过程参与、输入性参与和资源分配有效性参与。

以人民为中心是我国国家制度和治理体系的显著优势。具体到农村治理来讲,就是要保障村民在农村治理中的主体地位、中心地位,健全农村民主制度、选举制度,丰富民主活动形式,拓宽村民群众反映意见和建议等参与村公共事务的民主渠道。同时,坚持依法治理与综合治理,确保农村治理更好体现村民集体意志,解决农村问题,保障村民合法权益,使村民拥有更多获得感和幸福感。

总之,“能人治村”现象的出现,是农村社会深刻变革和急剧转型的产物。实践证明,“能人治村”模式还会在较长的一段时间

① 《中共中央关于坚持和完善中国特色社会主义制度　推进国家治理体系和治理能力现代化若干重大问题的决定》,载《人民日报》2019 年 11 月 6 日,第 1 版。

② 资料来源:中国政府网:http://www. gov. cn/xinwen/2019 - 11/03/content_5448083. htm。

内存续，也就是说，以“能人”主导与村民配合参与有机结合[1]的多元化合作共治将是未来一段时间内农村治理的主流模式。这种独特的农村治理模式杂糅了历史传统、经济变革、社会转型等多重因素。但从长远来看，农村治理的最终归宿应该建立在制度和法理之上。当前，应当通过各种途径、多个方面去规范农村“能人”的治村行为，推动农村的依法治理、民主治理进程。坚持综合治理，从各方面、各要素整体推进农村治理现代化，推进基层直接民主制度化、规范化、程序化。“依托村民会议、村民代表会议、村民议事会、村民理事会、村民监事会等，形成民事民议、民事民办、民事民管的多层次基层协商格局。”[2]真正做到村民自我管理、自我服务、自我教育、自我监督，实现农村地区的善治，进而在农村治理中实现法治和德治相得益彰，法治与自治良好结合。这是推动国家治理体系和治理能力现代化的题中之意和必然要求。

---

① 参见卢福营：《经济能人治村：中国乡村政治的新模式》，载《学术月刊》2011年第10期。

② 《中共中央 国务院关于实施乡村振兴战略的意见》，中发〔2018〕1号。

第三章　上级政府对“能人治村”模式的指导：兼论法治思维治理下的“能人治村”

杜吾青*

“能人治村”模式本质上是一种依法治理和法治思维模式下乡村治权的配置方式，具有“能人”领导与决策、法治程序运行、民主方式监督互构的鲜明特点。毫无疑问，依据《村民委员会组织法》，现代乡村事务的决策具有高度的运行自主权，但是，国家权力与乡村自治的复杂互动和乡村实际的治理形态都决定了上级政府对“能人治村”与乡村自治进行指导的必要性，也是县级政府权力塑造和提高治理效能的重要组成部分。党的十九届四中全会《决定》指出，要“健全党组织领导的自治、法治、德治相结合的城乡基层治理体系……实现政府

* 中国人民大学法学院 2019 级博士研究生。

治理和社会调解、居民自治良性互动,夯实基层社会治理基础"。[①]党的决策为乡村治理和"能人治村"的优化指明了方向,即法治化是乡村治理的重要组成部分,"能人治村"倘若不在法治框架下运行,极易使"能人治村"成为脱缰的野马,以言代法、徇私枉法等情形就无法防患于未然。因此,本章试图探寻在如何上级政府指导与乡村自治之间,以一种法治的路径规范和约束"能人治村"模式,同时又能最大限度地发挥"能人治村"的效能,最终整体提升基层治理的法治化水平。

第一节　上级政府对"能人治村"模式指导的必要性

一、推进国家治理体系和治理能力现代化的需要

"能人治村"作为一种基层治理的现实模式,必须被置于整体视角下的治理体系中看待。"能人治村"绝非传统"皇权不下乡县"的传统治理形态下的"乡贤之治",更不是乡村精英阶层各自为政。如何将"能人治村"与"依法治理"相结合,是保障国家治理体系不被乡村的现实状况和实践特色碎片化的保障。党的十八届三中全会《决定》强调:"全面深化改革的总目标是完善和发展中国特色社会主义制度,推进国家治理体系和治理能力现代化"。[②] 这也决定了国家治理体系和治理能力现代化不是单边突进、局部改革,而是一项系统工程,乡村治理水平的提升也是这项系统工程的重要环节。党的十九届四中全会《决定》进一步强调:

---

① 本书编委会编:《中共中央关于坚持和完善中国特色社会主义制度、推进国家治理体系和治理能力现代化若干重大问题的决定》,人民出版社 2019 年版,第 30 页。

② 本书编委会编:《中共中央关于全面深化改革若干重大问题的决定》,人民出版社 2013 年版,第 3 页。

“建设中国特色社会主义法治体系、建设社会主义法治国家使坚持和发展中国特色社会主义的内在要求。”①要坚持和完善中国特色社会主义法治体系，提高党依法治国、依法执政能力。建设中国特色社会主义法治体系、建设社会主义法治国家是坚持和发展中国特色社会主义的内在要求。因此，推进乡村的治理水平和治理绩效，法治的维度不可或缺。

在平谷的调研中，笔者发现，城乡二元的划分结构已然不再凸显。在乡村治理现代化进程中，必须回应乡村人口对乡土社会的法治建设的诉求，在党和政府对国家治理体系和治理能力现代化的推进中也必须回应农民对一种符合文明价值的“善治”和一种实现公平正义“法治”的诉求；而在法治框架下乡村“能人治村”模式就是对推进基层的国家治理体系和治理能力现代化的一种深刻实践。尽管不同村镇由于村情民意的不同，在基层法治的具体实践方式上有所差异，这总体而言，可以通过三种方式具体落实法治轨道下的“能人治理”：一是“能人”借助基层人大组织、村民大会、村民代表大会等平台，组织干部群众订立各种村规民约，就乡村发展过程中的重大事项实现乡村治理的规则化、制度化；二是重视基层自治和基层民主在法治轨道上的有序推进，推动乡村选举机制和乡村议事制度的常态化、规范化；三是发挥“软法”在基层治理中的功能，推动乡村治理方式的柔性化、本土化、特色化。

可以说，将“能人治村”与推进乡村的法治化相结合从而推进乡村治理能力现代化是笔者所在的调研团队在平谷区调研的样本村镇中发现的一项特色和亮点，上级政府在“能人治理”的过程

① 本书编委会编：《中共中央关于坚持和完善中国特色社会主义制度、推进国家治理体系和治理能力现代化若干重大问题的决定》，人民出版社2019年版，第13页。

中“把脉助力”，支持、鼓励通过法治和规则之治为基层治理效能提供制度保障，同时，把治理效能作为检验法治是否科学、有效的重要标尺。

二、乡村治理绩效提升的需要

从平谷区的经验来看，提升乡村治理的绩效，就是走好一条“能人治村”与依法治理相结合的路。通过法治的治理或许在经济绩效等层面不能立竿见影，但是，它能够稳定人民群众的行为预期，能够在各种利益纠葛中给出为广大人民群众所接受的解决方案，能够综合提升整体治理绩效，避免某一种经济利益的单边突进。正如有学者所言，“能人治村突破了中国乡村政治形式，是农村基层社区管理的创新”。[①] 从这一意义上说，平谷区通过探索“能人治村”与依法治理相结合的路径，事实上即否定了片面地认为乡村治理的绩效仅反映在促进乡村经济发展这一个维度，更注重决策的民主性和正当性，注重推动物质文明、政治文明、精神文明、社会文明、生态文明的协调发展。也正是在这一维度上，“能人治村”法治化，从一定程度上保证了村务活动中的各主体能够在法律规定的范围内进行相应的活动，以制度规范的接入削减决策失误的风险，规避村民和集体的利益损失，提升了治理质量。[②] 在这一过程中，上级政府要对所辖乡村进行必要的指导和帮扶。例如，对于在换届选举的过程中出现的权力真空地带，乡村治理无法独立完成的涉及公共安全等事项，尤其需要上级政府的介入。

---

① 卢福营：《经济能人治村：中国乡村政治的新模式》，载《学术月刊》2011 年第 10 期。

② 参见李晓敏：《中国能人治村的法治化研究——基于 S 省 A 村的分析》，华东政法大学 2017 年硕士学位论文，第 49 页。

三、推进乡村发展的需要

从调研情况来看,一种个人能力突出与上级政府有力支持的“能人治村”模式在平谷区已经基本建立,并在不断完善。这一模式从增进村民的凝聚力、强化乡村的公共服务和改善乡村生态环境三个方面良性影响乡村建设。[①] 例如,某村在改革开放初期,有的村民立足本村的集体经济或者本村的自然资源、旅游资源,逐渐发家致富,经营领域也不断扩大,但是借助集体资产,甚至乡镇企业带来的经济盈利并没有造福本村居民,大多数的盈利额都投资往外地或者被流失、挥霍,乡村基础设施建设和基本公共福利存在严重短板,村民意见很大,这也进一步加剧了村“两委”对村民的整合力疲软和村民对村集体的不信任感。但是,在现任村“两委”主任到任之后,上级政府在土地审批,行业许可等多个方面给予了有力支持,该村“两委”主任通过整合乡村旅游资源和吸引本地青年就业,先前失业、无业的村民基本都在本村支柱性的集体企业实现了就业。集体经济的发展壮大为他们也提供了稳定的收入来源,使他们能够在本地安居乐业,促使过去常缺席村委会选举的年轻人参与到基层民主选举活动中来。与此同时,随着村集体向村民提供的基本生活保障与其他公共保障服务的增加,村集体组织的威望和治理效能逐步提升。例如,某村依托本村旅游资源的集体经济产业,将全村 70 岁以上老人作为重点照顾对象,为他们提供大病医保和生活补贴。这既赢得了广大群众的赞誉,也在很大程度上建立了村民与村集体、村集体经济间的情感纽带,极大降低了在重大事项上村“两委”与村民的沟通难度

---

① 卢福营教授也从一种多元型的农村权力公共组织的视角表达了类似的主张。参见卢福营:《经济能人治村:中国乡村政治的新模式》,载《学术月刊》2011 年第 10 期。

和沟通成本，促进了基层治理的有效实现。“能人”还在乡村集体企业的产业升级和配合上级政府环保政策落地等方面投入了极大的精力。从调研的情况来看，现阶段的“能人”上任后，环境得到有效改善、公共卫生体系得到一定程度得健全，也是基层群众认可“能人”治理的重要维度。

从调研情况来看，平谷区的情形与社会学研究中对江浙地区相关乡村治理中展现的结果有一定程度的相似性，即“能人”主要从以下两个方面强化乡村公共服务：一是建设相对齐全的农村社区基本公共服务设施体系；二是建设有一定保障能力的农村社区基本公共服务组织体系。[①] 从加强农村社会基本公共服务设施体系建设的角度来看，在调研组走访的某村，排水设施老化，群众意见极大，该村“能人”一方面自己垫付资金，另一方面积极求助区级政府拨款改善排水管网；又如，“能人”极为重视加强文化体育服务设施的建设、乡村卫生以及大病保险服务的提供等。从强化农村社区基本公共服务组织体系的角度来看，有的乡村“能人”结合平谷区的农业特色和本地实际种植规模，成立平谷区大桃种植生产的技术服务机构，极大吸引了农民的积极性。笔者所在的调研团队走访调研的多个乡村还积极设立不占编制、不领专门工资的公益性纠纷调解机构和普法宣传机构，效果良好。可以说，村“两委”对村民凝聚力的增强和强化乡村公共服务的手段，极大地降低了乡村的治理成本，尤其是极大地减轻了乡镇和区县一级的压力，但并不意味着上级政府不闻不问。

一方面，从调研情况来看，“能人”个人能力与上级政府有效支持的模式之所以能够行之有效，两个方面都不可或缺。其中，

① 参见郭剑鸣：《浙江“富人治村”现象剖析——基于浙江金台温三市7个村的调查研究》，载《理论与改革》2010年第5期。

个人能力突出是前提，上级有力支持是关键，双方不能也不应该出现相互掣肘的情形。例如，乡村公共服务的强化离不开上级政府在建设用地、行政许可等各方面的支持，上级政府也要充分尊重乡村自治的重要意义，从降低乡村治理成本的角度为“能人”领导和参与乡村建设提供有力支持。另一方面，“能人”的独立决策尽管效率高，但也开始逐渐难以应对日渐复杂的乡村治理事务，上级政府对于“能人”的支持和监督不可或缺，即保障和支持“能人”对依靠法律法规和村规民约进行治理形成制度自觉，保证所有的决策都有法可依。“能人”更不能知法犯法，滥用职权。上级政府在这一过程中有不可推卸的监督、矫正和领导责任。但是，需要注意的是，划清上级政府领导、监督的边界至关重要：原则上，上级政府不应借领导监督之名，向下级分派本级政府的行政性管理事务。

综上所述，中国乡村治理特殊的“德法共治”格局决定了乡村治理不可能完全脱离“基于‘能人’的治理”，不可能实现一种无差别的、放之四海而皆准的基层民主形式。但是，需要认识到：“能人治村”需要和依法治理相结合，在法治的轨道内运行才能消解“能人治村”过程中的非规范性，避免在调研中有的群众所感叹的部分乡村出现“成也‘能人’、败也‘能人’”的悲剧。[①] 调研组在调研过程中的所发现的少量负面现象，如无视法律规范等情形，还需要上级政府的大力协助，以推进“能人治村”和依法治理相结合的方式进一步改善。

---

① 参见李晓敏：《中国能人治村的法治化研究——基于S省A村的分析》，华东政法大学2017年硕士学位论文，第38页。

第二节　“能人治村”：徘徊在“依法治村”和“能人治理”之间

一、以民主治理调和个人决策

从在平谷区的调研中了解到的情形来看，在乡村的局部治理过程中，尤其是涉及棚户区改造、违法建筑拆除、雨污排水设施修缮等部分利益纠缠的事项，由民主机制筛选出急需解决的事项，再由科学的技术措施予以解决的法治理念有时让位于“能人”的拍板决策，使村“两委”、村民大会，甚至乡镇人大的民主功能遭受贬损。而“能人”的威望一旦超越制度体系、法律权威和民主机制，就极易造成权力滥用，甚至存在滋生腐败的风险。

可以说，大到国家治理、小到乡村自治，“治”的现代性意涵毫无疑问需要突出民主正当性的色彩。缺乏以民主为底色的治理既无法实现“以人民为中心”的善治，也容易导致治理的能力不足，陷入“一抓就死，一放就乱”的治理困局。“能人治村”与民主治理并不是相悖的两极，而是必须在新时代乡村治理的格局中实现优势互补、相互促进。在调研组走访的某村中，上一届村委会主任大力支持和成立的某旅游公司，因在成立过程和运行过程中缺乏足够的公众参与和民主监督，导致公司入股主体极多，股权结构复杂，在该“能人”卸任后，围绕公司的利益纠纷严重，本应造福村民的股权分配机制的公平性遭受广泛质疑。在加强了村民大会和村“两委”对公司重大事项的进行决策的力度后，下一任的村委会主任再度通过有效的公司治理，使公司经营回归正轨，部分村民通过在公司中实现就业实现了脱贫和安居乐业。一方面，平谷的这一经验反映了一种以民主机制为中心，以“能人”决策为关键的乡村治理不仅能够实现,还能行稳致远。另一方面,在“能人治理”主要展现为一种“经济能人”治理、治理绩效主要通过“能人”个人能力的大背景下,“经济能人”之间围绕个人和私人利益的矛盾冲突有时容易扩大为一个乡村选举秩序和乡村公共秩序失范的风险源,有威胁基层民主制度之虞,必须以民主治理调和“能人”的个人决策,使人民群众依法参与应当进行民主决策的重大事项中,有途径了解到应该进行公开的村务信息。长远来看,通过民主调和“能人之治”的弊端,区分“能人”的私人利益和围绕村务的公共利益,确保乡村治理民主性、连续性和规范化是未来维持乡村基本秩序和持续发展的重要手段。

二、以法治程序规范“能人”决策

如果说,民主治理是从源头约束“能人”决策的空间和范围,那么,法治程序则是在决策过程中约束“能人”的行为,尤其是决策程序和民主监督程序的建立,能够有效预防“能人”决策突破法治边界。从调研组调研的情况来看,这种立基于民主政治的“能人之治”在乡村治理有时与法治程序发生冲突,一方面,需要切实保障既有的法治程序能够得到有效的运行;另一方面,也需要通过民主制度针对一些重大事项建立一些符合乡村实际情况的程序规则,并促使“能人”加以遵守,推动乡村治理的规则化和规范化。

在调研组的走访调查中,笔者发现,“经济能人”在涉及人事任命、公共财政、乡村资源开发等领域往往容易独断专行。例如,在调研组走访的某乡村,有村民反映之前村“两委”主任作为一名“经济能人”,违反基本的法定招投标程序和公共财政资金使用的程序,利用村级财政资金投资房地产和庙宇,使乡村亏损数千万元。他所创办的乡村企业,虽然收入不菲,也为村集体的老人支付大额养老补贴,但是,他在土地开发和环评过程中违反法定程序，带来的许多土地问题和环保问题也为许多村民所不满。此外，上级政府不能忽视“经济能人”的结构性特征。固然，“能人”往往在经济领域崭露头角，但一旦“经济能人”进入乡村治理的中心，往往也是“政治能人”和“社会能人”，集中了较多的公共权力，在数种身份之间的游离使其更容易脱逸出民主监督的程序轨道。

第三节　上级政府对“能人治村”模式指导的法治路径

一、加强乡村干部群众的法律解释能力

在笔者看来，不可否认“能人治村”所取得的一些成绩，乡村治理中的诸多问题不是“能人治村”本身的问题，而是法治的约束和规范不足。尽管一方面需要加大相关法律的制度供给，但另一方面，从调研的情况来看，有些乡村干部对既有法律的应用能力较差，尤其是对法律的解释能力匮乏，甚至因为不熟悉法律法规以及对法律文本的不当解释与群众发生纠纷，导致法律功能的实际发挥大打折扣，无法通过法律制度的贯彻推进乡村治理。从学理的角度来看，这与部分乡村干部法律解释的能力碎片化、局部化以及主观化不无关系。因此，上级政府对“能人治村”法治模式指导的关键并不在于送法下乡式地普及法律条文，尤其在今天这样一个信息检索成本不断压缩的时代，对技术层面基本的法律解释操作普及的重要性远超对法律条文的传播。这是确保精准诠释法律内涵，使法律成为维系社会的最大公约数的核心，这也是确保法律能够真正定分止争、说服群众、促进日常工作的关键。上级政府可以通过普法工作平台，借助本地化典型案例中的法律解释和《刑法》《民法》《治安管理处罚法》等专题性质的普法讲

座，将基本的法律解释操作技术和重点法条的常用释义告知基层的干部群众，真正使法律成为公民行为的指引和指南。

二、强化法治体系对"能人"的约束

推进乡村治理乃至推进国家治理的现代化，关键在于人对制度规范的落实。这就意味着，必须使包括宪法在内的法律真正成为日常生活行为规范的标尺，成为最广泛地凝聚社会共识的准则。党的十九届四中全会《决定》强调："要构建系统完备、科学规范、运行有效的制度体系，加强系统治理、依法治理、综合治理、源头治理，把我国制度优势更好转化为国家治理效能"。[①] 这就要求，在推进乡村治理效能迭代升级的过程中，要以法治中国为依托，发挥中国特色法治体系的制度优势，结合具体乡情民情，发挥基层群众和"能人"的主观能动性和创造力。

从调研情况来看，围绕"能人"形成了大量的社会资源和社会关系网络。他们对现阶段本乡村所面临的突出问题和主要矛盾有着清晰的认识，能够出实招、做实事，为本乡村的人民群众谋取更美好的生活。但是，需要值得注意的是，"能人"在行使权力，尤其当自身利益与集体利益形成同构格局时，容易发生自身利益凌驾于，甚至损害集体利益的情形，尽管发展了乡村经济，但并非平等的、民主的、可持续的发展模式。从根本上说，尽管不守法、违法的决策和行为可能不会直接损害经济利益的增长，但是会直接影响乡村的和谐稳定和治理格局。因此，"能人"必须结合乡村实际和法律规范在具体情况下的精确解释，促进规范制度的有效实施。这就对"能人治村"在超出经济建设以外的民主发展和村民

---

① 本书编委会编：《中共中央关于坚持和完善中国特色社会主义制度、推进国家治理体系和治理能力现代化若干重大问题的决定》，人民出版社2019年版，第5页。

政治参与、村民有机团结的层面提出了更高的要求。① 乡村的上级政府在这一过程中必须通过强化法律体系对“能人”的监督，确保“能人”不能突破依法治理的底线，不触碰违法的红线，更不能出于经济发展的考虑对“能人”的违法决策“捂盖子”。

三、强化依法治理的制度建设

我国《村民委员会组织法》第 5 条规定：“乡、民族乡、镇的人民政府对村民委员会的工作给予指导、支持和帮助，但是不得干预依法属于村民自治范围内的事项。村民委员会协助乡、民族乡、镇的人民政府开展工作。”如何平衡上级政府行政指导和基层自治的关系，如何厘清上级政府指导、支持和帮助的职能清单，就成为一个摆在面前的学理问题和实践问题。乡村治理不同于都市治理和陌生人社会的治理，乡村治理必须要牢牢把握依法治理的中心，通过法治、德治、自治推动乡村治理格局的稳定，上级政府在这一过程中要积极支持乡村在法治框架下出台适应本地发展和立足本地特色的乡规民约。

从实际调研的情况来看，各乡村对建立一套系统完备、能够有效执行并能够解决本地矛盾纠纷的制度体系还处于进行时，较显著的反映在处理劳资关系纠纷、土地纠纷等矛盾纠纷的过程中往往存在无制可依的现象。一方面，这种无制可依的情况要求乡村治理提升制度供给的能力。上级政府也可以协调数个相邻或情况相似的乡村，就高发的共性问题和矛盾问题集中群众智慧，出台覆盖面更广，更能够协调不同群体利益的规范性文件来统一解决。另一方面，面对这种现象要提升监督能力，基层干部不能

① 所谓有机团结，是指社会功能和个人自由相得益彰的状态，有机团结源于社会成员在活动层面的分工合作（互补性）和意识层面的共生性。参见高丙中：《社团合作与中国公民社会的有机团结》，载《中国社会科学》2006 年第 3 期。

采取“和稀泥”和“视而不见”的态度，这样只会导致矛盾的上交和传递，无助于乡村治理运行机制的完善。此外，调研还发现，在乡村推广人民法庭或在若干乡村推广巡回法庭的制度设计对提升法治乡村和实现乡村秩序稳定具有重要作用。第一，人民法庭在基层乡村属于“新鲜事物”，公开的审判活动对基层干部群众具有极高的吸引力，能够直接将专业法律解释技术和具体的法治价值通过具体的案件通俗易懂地传达给人民群众，包括村干部，以直接提高人民群众的法律素质和法治意识。第二，人民法庭的设立有助于将矛盾化解在基层，尤其在调解的相关案件中，有了法官的专业支持和法律知识的帮助，村干部无法妥善调解的部分案件能够更快、更好地予以解决。第三，人民法庭作为人民群众身边的法院组织，其本身作为一个法治符号能够常态化培育基层干部群众通过法治的轨道解决争议和纠纷的意识。

总而言之，提升依法治村的水平需要重视两点要素。其一，农村地区的建章立制需要上级行政机关的指导和本地村民的民主参与，具体的制度类型没有确切的范围，只要不与上位法相抵触或违反上位法，同时立足于本地和本村的实际情况和着眼本地的突出问题的解决。其二，要保障制度的严肃性和权威性。从调研的情况来看，决不能一套村“两委”班子一套制度，新官不理旧账，要切实将法治精神落到实处。

第三编　依法治理与源头治理

党的十九届四中全会提出，坚持和完善中国特色社会主义行政体制，构建职责明确、依法行政的政府治理体系。与此同时，坚持全面依法治国，建设社会主义法治国家，切实保障社会公平正义和人民权利的显著优势。① 由此，依法治理与权利保障，是我国治国理政和保护公民信赖的关键，也是国家治理能力与治理现代化实现的根基。一方面，依法治理是我国新时代背景下全面推进依法治国、建设法治政府的重中之重。依法治理的全面推进必须涵盖农村基层治理，因为依法治村是贯彻落实全面依法治国基本方略更加宏大的另一维度，是保障农村秩序良好运行的基础，是推进乡村振兴战略和法治乡村建设的必然要求。另一方面，权利保障是在依法治理的前提下，建构对公民权利立体式全方位的保护，注重从实质上增进公民的权益。目前，随着农村问题的增多，村民权益的保护成为社会各界关注的焦点。如何在国家政策与关怀公民二者之间寻求平衡，是目前我党作为执政党所面临的困境。我国农村主要矛盾集中于土地资源、房屋拆迁、秩序管理、社会保障等领域，随着城市建设规模的不断扩大，土地资源与房屋拆迁问题尤为突出，其中引发的矛盾大幅上升，有些矛盾进一步衍化为群体性事件，化解难度较大。要使农村秩序规范运行，必须找准问题基点与源头，对于农民来说，最重要的生活和生产资料是土地，“人类之成为人类，必须依赖外界之物质，以维系其生命”。② 在农村，土地则是维系其生命的根源，从源头上起着保障性的作用。故源头治理才是关键之核，不解决根源性的农村土地与拆迁补偿问题，依法治村和依法治国难以进一步取得实质性的突破，整个法律建设也将受阻。源

---

① 参见《中国共产党第十九届中央委员会第四次全体会议公报》。

② 陈新民：《德国公法学基础理论》（下册），山东人民出版社 2001 年版，第 405 页。

头治理与依法治理二者相辅相成。“只有持续稳步推进依法治村，尊重保护村民尊严，反映体现村民意愿，促进村民依法自治，维护村民根本权益，切实让广大村民在乡村治理实践中感受到公平正义”，①才是解决农村矛盾和问题的关键，也是实现依法治理的前提。

---

① 唐建兵：《全面依法治国视阈下的农村基层依法治理》，载《石家庄学院学报》2019 年第 1 期。

第一章　依法源头治理的北京路径:剖析土地管理与乡村政治

——以岳各庄村为例

薛悟娟*

土生百物,地载万代。随着我国经济的快速发展和大规模的城镇化,农村集体土地成为城市化建设进程中的重要组成部分,随着土地的升值、建设用地的需求日益增加,政府在征收土地时不可避免地衍生出许多复杂问题,尤其土地征收及补偿在法学界引发了较大争议与研究。[①] 土地作

---

* 中国政法大学2019级博士研究生。

① 相关文章参见耿宝建、殷勤:《集体土地征收与补偿过程中可诉行政行为的判定与审查——兼谈〈土地管理法〉修改建议》,载《法律适用》2019年第1期;杨建顺:《论土地征收的正当程序》,载《浙江社会科学》2019年第10期;彭錞:《中国集体土地征收决策机制:现状、由来与前景》,载《华东政法大学学报》2017第1期;刘国乾:《土地征收审批的正当程序改革》,载《法学研究》2012年第4期;章剑生:《行政征收程序论——以集体土地征收为例》,载《东方法学》2009年第2期;等等。

为“三农”问题的核心,关涉农民的切身利益和农村集体经济组织的发展前景。2019 年 8 月 26 日,第十三届全国人大常委会第十二次会议表决通过了《关于修改〈中华人民共和国土地管理法〉的决定》,此决定自 2020 年 1 月 1 日起施行。2019 年《土地管理法》对征收程序和征地补偿作出重大修改,但关于集体土地征收的法律制度仍不完备,加之行政执法、司法审判也未形成统一的认识,导致征地拆迁问题频发。本章结合岳各庄村民、村干部、镇相关负责同志对征地、棚改的态度、认识及岳各庄村的历史包袱、法律法规及相关政策,对土地征收这一问题进行深入考察和客观分析,为化解农村矛盾和规范农村秩序提供借鉴,为源头治理与依法治理提供路径。

第一节 岳各庄村现状描述和对立层面

历史车轮滚滚,推动社会不断向前发展,在发展的同时不可避免地产生一些问题,农村也不例外。聚焦岳各庄村的此次调研(通过村委会座谈和村民入户走访两种形式,涵盖群体包括村干部、社区干部、镇相关工作负责同志 20 余人及部分村民),不难发现,村庄衰落、征地问题、棚户区改造等都是亟待解决的问题,但由于各种复杂原因导致这些问题久拖不决,此次调研从更微观的参与式视角描述岳各庄村的现状和征地拆迁的对立层面,进而探寻其背后的动因。

一、岳各庄村的现状

(一)私搭乱建问题严重

虽然 1978 年家庭联产承包责任制开始推行,但岳各庄村一直以来实行的是集体制，直到1992年才陆续改革为个人承包农地。岳各庄村的集体土地在1992年前被低价出让的情况很普遍，至今6000亩的耕地基本已经被征完。由于土地的匮乏，2000年左右村集体停止了对宅基地的批准，但是，随着人口的新增及老龄化，导致三世同堂甚至四世同堂的情况非常普遍，狭小的生存空间无法满足数十人的生活需求，有限的宅基地并不能阻挡村民改善居住环境，为了扩大居住面积，在有限的宅基地基础上向纵向发展，几乎每家都盖了二层楼，部分村民盖起了多层楼房。此外，许多村民在街道以及巷里私搭乱建以扩大生存空间，部分村民更是利用私搭乱建的建筑做起了生意，甚至进行房屋出租，由于地理位置较市区远、租金偏低，引来了大量的外来人口。人口的增多，环境承载能力的不足，导致生存环境的加剧恶化。在调研走访中观察到村里主干道情况良好，但主干道之外的小道基本全部存在私搭乱建情况，道路堵塞严重，村容不整洁，环境状况较差。例如，一位村民这样描述：①

我们村脏、乱、差。各个街区随地占道、搭棚子、随意停车严重，经常造成道路堵塞，究其原因是我们村缺乏监督管理和改革不彻底。

（二）基础设施建设停滞

农村基础设施是人们赖以生活的基础，完善的基础设施能够提高人们生活的幸福感以及社会主义的优越感。与此同时，基础设施需要定期的维护与更新，而农村的经济远不足以吸引社会资金的投资和建设，如此，只能依赖政府的规划和财政的投入。在资源向中央政府和大城市集中的情形下，村集体常常负债累累，捉襟见肘，即使国家下拨一些财政投入，经过层层剋扣，到了村委

① 这一章列举事例除注明出处外，均来自调研组的访谈和记录。

会已经远不足以有效运作。岳各庄村便是其例，自来水、村庄道路、排泄系统等公共基础设施由于缺乏公共财政的投入，加之在2006年、2009年、2014年、2017年，政府对岳各庄村进行了旧城改造的大规模动员和入户征求意见，这样，就造成村庄即将整体拆迁的动态，村委会对村内的基础设施的维护放任不管，更新与建设基础设施的工作更是停滞。政府关怀民生的工程也是少之又少。村民们的生活状态每况愈下，造就了村民心里的不满情绪，在与周边村庄丰富、完善的生活设施相比之下，许多村民迫切地希冀改善目前的生存状态。例如，一位村民这样描述：

政府欠我们19个月的工资不发。现在村里棚户区改造不推进，到处都是破破烂烂的，下水管道很多都坏掉也没人理。（村民）都担心，万一这个地方改造了，建设的新设施又得拆。对于拆迁，政府经常动员动员，但是最后都没消息了，我们也希望拆迁，改变这样的生活环境。

（三）征地拆迁难以推行

近年来，国家加大对“三农”问题的重视，加大对农业的投入，使农民意识到土地的价值在不断提升；再者，大规模城市化进程的加速推进使建设用地的需求日益增加，在城市土地无法满足建设需求时，城市规划不得不以市中心向村镇辐射扩大，建设用地需求的增加与农民保护土地意识的提高形成矛盾，征地拆迁过程不免引起纠纷。经过调研发现，岳各庄村私搭乱建现象严重，道路拥堵，基础设施的维护与建设停滞，村民改善生活环境的意愿迫切，但是，一直以来征地拆迁和棚改工作的推行，在岳各庄村未取得进展。村里的大量耕地（据村民称有6000亩），在过去20多年间被无偿或低价征走，由此导致了村民几乎失去全部耕地，而村集体又无其他收入来源，并且，土地的紧缺也导致了宅基地的紧缺，村里二层住宅楼数量占据一半以上，村民希望仅有的宅基地能够得到大量的补偿,这也直接导致了棚户区改造工作难以开展。在2006年、2009年、2014年、2017年,政府对岳各庄村进行过旧城改造的大规模动员和入户征求意见,老百姓普遍反映按照宅基地的土地面积棚改之后无法保障三代人的生活需求,随后,征地拆迁工作不了了之,政府也没有向村民说明理由,导致了村民对政府的信任危机。在这一过程中,部分基层干部在棚改压力传导的背景下工作方式简单、粗暴,导致部分村民存在不满情绪、不合作情绪,许多村民反映"被棚改"的情况严重。例如,一位村民这样描述:

现在村里的经济很不好,没有口粮地,都是宅基地。年轻人出去的多。政府老说要棚户区改造,2006年就开始说,但总是一阵风,又没消息了。我们也见不到政府的政策,也没给我们标准,也不告诉我们。棚户区改造政府总是征求意见、让我们签字,但是总是不落实,最后不了了之。

我家有两个儿子,现在住着这一栋(房子)。政府说到时候给我们两套房,但是这到时候咋分呢,两个儿子一人一套,我们老两口住哪呢。现在房价3万元一平方米,一套房300多万元,我们的工资就这两三千元,怎么能负担得起。

让人感叹的是,20多年来,平谷区(包括岳各庄村的土地)的发展给过往领导干部带来丰富的政绩,这些领导干部大多在任期满后调离平谷,但遗留下的问题却要现任政府以及平谷区人民承担。岳各庄村历史遗留问题未解决,且与如今的拆迁工作杂糅后,不仅加大了解决问题的难度,而且也使问题更复杂。村民们希冀于这次拆迁能将所有问题一次性彻底解决,这也加剧了拆迁工作的难度。

二、岳各庄村征地拆迁的对立层面

在走访调研的过程中，我们发现，村民在思想观念、政策和认知、补偿安置这三个层面与政府存在对立，如何转化这种对立，需要政府在充分认识的前提下，运用智慧型手段，推进棚改拆迁这一利国利民的大工程。

（一）思想观念层面

土地是农民赖以生存的基础和源头，农村是农民生活的场域，土地征收伴随的是村民失地，土地为人们提供生存和生活资料，一旦被征收，短时间之内村民“无法改变已经习惯从土地上获取生活物资和与土地相伴的生活，面对城市生活有着陌生感，无法更好地融入城市生活”。[①] 此外，我国故土难移的思想观念一直根植于人心，尤其是对村里的老人来说，离开故土相似于落叶无法归根，心理和情感都难以接受。面对征地拆迁，整个村庄即将消逝，昔日生活场景不复存在。心里各中陈杂，难以割舍。岳各庄村“消极的精英阶层”[②]即是典型，房屋装修别具用心、精美舒适，搬迁离开实在不舍，在体验过居住城区电梯房之后，故宅更宜居住。但是，在面对公共利益与农民的思想观念形成的冲击时，农民也无法不作出让步。所以在征地拆迁时，转换村民思想观念，也是政府的职责，这对于促进乡村建设与社会和谐发展有着重要意义。

（二）政策和认知方面

通过翻阅岳各庄村的历史资料得知，岳各庄村直到1992年才陆续开始改革为个人承包农地，在先前集体体制的背景下，土地被低价出让的情况很普遍，原先6000亩耕地现在基本被征完，

---

① 倪锦丽：《农村集体土地征收问题浅析》，载《吉林工程技术师范学院学报》2018年第11期。

② 岳各庄村阶层分化之一，下文有专门论述。

但没有足额补偿村集体，1992 年后承包到个人手上的农地少之又少，普遍村民认为在先前的集体制下，政府低价侵占了大面积的集体土地，这样的“历史包袱”加剧了政府与村民的对立。2000 年左右，村委会停止了批准宅基地，致使许多家庭都是三代人生活在一块宅基地上，有一部分人希望在征地过程中得到大笔补偿，实现三代人居住条件的分离与舒适（住房面积小的要求得到不符合要求的大面积），有一部分人希望由此走上发家致富的道路。他们希望通过这次征地拆迁解决政府遗留问题和家庭出现的一切问题和矛盾。然而，政府所在立场是做好上级安排及本级职责，完成政绩考核，与村民最大限度地维护和争取自身利益并不协调。二者固守自己立场，缺乏全方位的解决问题意识，加之在没有及时沟通交流的情况下，产生误会之深，从而影响了全局，导致棚改工作无法进行下去。

笔者注意到，“法治”在农村的认知和消解，村民自下而上与政府交往过程中缺乏法治思维，难以获得政府的承认与支持，而政府自上而下与村民交往过程中忽略村民对政策的可接受性，难以获得村民的认同与配合。在“依法治国”大背景下，“法治”一词与这片乡土社会有些格格不入。法律似乎只作为一种低位阶的工具被利用于基层政府与村民的交往中，而没有真正确立起权威地位。法律本身的体系逻辑和理性价值被消解，基层社会并没有按照或者没有完全按照法律规范所描绘和追求的应然秩序发展。

（三）补偿安置方面

集体土地的征收“本质上是通过政府内部封闭的层级审批”，[①]这种方式导致土地征收这一过程缺乏民主参与性和公开

---

① 彭錞：《中国集体土地征收决策机制：现状、由来与前景》，载《华东政法大学学报》2017 年第 1 期。

性。此外，在涉及补偿时，我国2019年《土地管理法》第48条第1款规定，“征收土地应当给予公平、合理的补偿，保障被征地农民原有生活水平不降低、长远生计有保障”，这一原则性规定对具体的实施缺乏可操作性，需要相应的司法解释进一步落实。而“现行《土地管理法》及《土地管理法实施条例》并未为解决土地征收的补偿问题提供确定安置补偿的闭环机制，特别是在当被征收人与安置补偿责任主体经协商不能达成安置补偿协议的情况下，没有法律授权行政机关通过作出行政决定（或其他方式）确定安置补偿”。[①] 因此，在缺乏详细的法律规定的情形下，行政机关在作出补偿安置决定时，就具有行政裁量权。

通过观察我国大量的拆迁事件，发现由于区域差异，地方政府在拆迁时发挥其灵活性，运用裁量权。为了完成上级政府的考核，提升政绩，作出压低拆迁补偿，控制成本，牟取拆迁巨额利润的行为。而村民希冀拆迁得到能够安置三代人的不动产和大笔补偿款，甚至部分村民强烈要求承揽拆迁过程中部分区域基础工程，攫取财富。由此，政府的意图与村民在补偿安置层面形成鲜明对比。

第二节　岳各庄村的困因探析

岳各庄村的现状归根结底是征地拆迁摇摆状态造成的混乱局面，征地拆迁与棚改工作的进行能够为岳各庄村带来崭新的面貌，解决了征地拆迁这一核心问题，其他问题便迎刃而解，故以下

---

① 顾大松：《行政审判视角下的土地征收补偿制度改革》，载《山东社会科学》2019年第8期。

着重分析征地拆迁难以推行的原因。

一、国家治理模式：政府的信任问题

政府对岳各庄村进行过旧城改造的四次大规模动员、入户征求意见之后又没有向老百姓说明理由的不了了之，导致了村民对政府的信任危机，这些事件进一步阻碍了将来拆迁工作和棚改工作的推行。笔者试图从国家治理模式这一视角分析岳各庄村无法拆迁的发生逻辑，并为岳各庄村平稳拆迁提供路径思考。

为了解决中央权威与有效治理矛盾，国家采取“行政发包制”，[①]即将具体执行权层层发包于基层政府。而基层政府执行政策时就会发挥其灵活性。为了实现国家的宗旨和意图、完成上级安排的任务，在具体实施政策的过程中，“基层政府与它的直接上级政府相互配合，采取各种策略应付来自更上级政府的政策法令和检查监督”，[②]周雪光将其概括为“共谋”。在房屋拆迁和土地征收方面也不例外，中央将具体执行权发包于基层政府，任务完成程度成为上级政府验收和考核的指标。在这样的风向标下，基层政府未考虑本区域实际情况，提升政绩，完成考核，是基层政府主要考虑的因素，所以必将导致不顾一切推进征地拆迁与城市化建设进程。并且，伴随着压低补偿，控制拆迁成本，牟取农村土地拆迁的巨额利润，“依法与违法的张力，即自上而下的控制依旧力有不逮，地方政府在财政激励下的违法征地屡见不鲜”。[③]

结合调研发现，首先，有些完成拆迁的村镇（如白各庄、夏各

① 周雪光：《中国国家治理的制度逻辑——一个组织学研究》，三联书店2017年版，第30页。

② 同上书，第200页。

③ 彭錞：《中国集体土地征收决策机制：现状、由来与前景》，载《华东政法大学学报》2017年第1期。

庄）在进行拆迁的过程中，基层干部为达成目标计划，采取简单、粗暴的工作方式，即使村镇拆迁工作完成后，不仅拆迁的村民存在不满情绪，而且临近村镇也会产生同样的抵触情绪，产生一种“抱团取暖”的现象。当然，这也使岳各庄村拆迁工作的推进与开展的难度进一步加大。2006 年、2009 年、2014 年、2017 年，政府对岳各庄村进行过旧城改造的大规模动员和入户征求意见，在这一过程中，部分基层干部在棚改压力传导的背景下工作方式简单、粗暴，导致部分村民存在不满情绪、不合作情绪，这也为征地拆迁纠纷垫下基调。其次，基层政府在拆迁过程中压低拆迁成本，2006 年动员岳各庄拆迁时，只给不动产补偿，没有提及补偿款。2009 年，既增加了不动产补偿，又给予补偿款，大部分村民同意拆迁，但政府方面却不了了之。究其原因，地方政府在农村集体土地征收拆迁中的各方利益博弈难以平衡，村民最大限度地争取补偿，而地方政府也想从中获取利益，为地方政绩增色。

二、阶层分化的利益博弈：投机攫取利润

岳各庄村已经摆脱了纯农业型农村的定位，在棚户区改造过程中，区级政府将拆迁补偿的对象视为单一整合的群体，对岳各庄村的阶层分化和各个阶层的利益博弈、合作与利益偏好缺乏清晰的认识。这是岳各庄村棚改项目多年来无法顺利推进的重要原因之一。

目前，岳各庄村已经大致分化为管理者阶层、精英阶层和普通阶层。所谓管理者阶层，是指正式或非正式掌握村政治权力，在棚改项目中承担利益再分配的动员人、主持人和参与人，具体包括村“两委”班子成员、退休村干部、各村民小组或社区的负责人等。他们大多借助接近权力，完整掌握政策信息的便利条件，获得较普通阶层更多的经济发展机会。例如，在 20 世纪 90 年代

中后期抓住政策的空白期在本村另行购置一块宅基地，与当下许多普通阶层家庭因为停止分配宅基地而三世同堂，甚至四世同堂的情形形成鲜明对比。同时，管理者阶层的经济收入在村里往往属于中等（3 万元/年）或中等偏上收入水平。精英阶层是指村庄中在经济和社会关系等资源上都较优厚和独立的人员，大多集中居住在村东，进村主路两侧，交通较便利、基础设施较好。他们大多思想活跃，见识面广，对法律政策较为熟悉，除少数参与村"两委"竞选失败者或早年因为管理层阶层压迫被迫离开本村的情形外，大多数与管理者阶层关系密切。这一群体主要包括退休返乡的公务员，外出经商致富的商人，拥有手艺早年在北京城区闯荡的人群等。他们多数人在北京城区拥有 1 ~ 2 套房产，在 20 世纪 90 年代中后期，也抓住政策的空白期在本村另外购置了一套宅基地，子女也离开岳各庄村在北京城区成家立业。普通阶层是岳各庄村中人员最多的群体，大约占到岳各庄总人口的 70%，他们中的年轻人大多以外出或在本村镇务工为生，村中房屋年久失修，周围环境、基础设施落后。

分化的三个阶层关系超越了传统的人情关系成为村民社会交往和生产活动最重要的关系，他们有相互联系又各不相同的利益诉求。管理阶层顺应政府意志支持棚改，但村庄消逝随之而来的便是失业问题，他们意图跻身于基层政府谋求一职位，解决自我职业的后顾之忧。然而，精简的基层政府根本无法解决内部就业问题，职业规划的落空，使管理阶层固守村里这一职位，不愿村庄消逝。但迫于政府压力，管理阶层只能表面顺从。普通阶层是对搬迁呼声最高、条件最少的一个阶层。基础设施建设的滞后以及子女成人之后的压力使他们对可能有 2 ~ 3 套商用住宅的拆迁工作持普遍的支持态度。然而，精英阶层之间存在诸多矛盾，许多人虽然生活在岳各庄，但社会关系和家族联系往往能超越本区县至北京市或部分部委，他们有时间和经济能力，也熟知政治体制的运作逻辑，所以，对拆迁工作进行步步阻止。在拆迁事宜上，他们中分化为两部分："毫不响应动员的群体"与"积极响应动员的群体"。这里，我们将其称为"消极的精英阶层"与"积极的精英阶层"。前者主要因为房屋装修别具用心、精美华丽，有限的按宅基地面积的补偿款甚至无法达到其装修费用的一半，同时，他们有过在城区居住高层电梯房的体验，对比之下不愿意离开故宅。这一群体既不愿意搬迁，又熟悉相关政策，"能够援引相关'话语'来论证自己行为的合理性，同时也能够洞察管理者阶层在征地拆迁中的违法违规行为"，[①]还能准确把握地方政府的维稳心态，因此，给拆迁工作造成极大阻力。后者与其形成鲜明对比，他们希望在涉及7000余人口、几十亿元的拆迁项目中，利用与地方政府合作以及其他社会关系，进而参与拆迁分得利润，或是承接部分基础工程意图攫取巨额利润等。至此，在拆迁工作的推行衍生出许多难题。

三、征地拆迁核心：补偿难以落实

目前，关于集体土地上房屋的征收与补偿，"我国还没有制定和颁布专门的法律、法规，新《土地管理法》及其实施条例只规定了征用集体土地的相关程序，缺乏集中统一的规定"。[②] 如我国2019年《土地管理法》第48条第4款[③]规定即是一个原则性规

---

① 杨华：《农村征地拆迁中的阶层冲突——以荆门市城郊农村土地纠纷为例》，载《中州学刊》2013年第2期。

② 蔡洪岩、赵庆大、李志华：《集体土地征收过程中存在问题探微》，载《国土资源》2019年第6期。

③ 2019年《土地管理法》第48条第4款中规定，对其中的农村村民住宅，应当按照先补偿后搬迁、居住条件有改善的原则，尊重农村村民意愿，采取重新安排宅基地建房、提供安置房或者货币补偿等方式给予公平、合理的补偿，并对因征收造成的搬迁、临时安置等费用予以补偿，保障农村村民居住的权利和合法的住房财产权益。

定。此外，国务院和原国土资源部的相关文件对房屋拆迁操作办法及补偿标准也没有专门的解释，与此同时，这些文件还存在着法律效力层级较低的问题。“补偿立法的不完备，标准的不统一，既不利于村民及时了解征地补偿的实际情况，难以保障自身的合法权益，也不利于征地工作的规范有序开展。”①

2009 年，地方政府对岳各庄村进行大动员，政府给予行政允诺，既有不动产补偿，又有金钱补偿，拆迁意见达成一致，但补偿最终难以落实。之后，村民对村委会和上级政府的信任渐失，但凡上级政府和村委会动员、投票和土地丈量时，村民们就简单配合，一旦没有任何进展，村民便外出忙碌，茶余饭后调侃拆迁一事。近年来，随着房价、物价的上涨和土地的增值，拆迁补偿的标准也在发生着变化，呈现提高的趋势。面对这种变化，一部分村民无限拔高了拆迁补偿的期望值，对征地和拆迁采用了拖延与怠慢的态度。再者，地方政府在征地拆迁时充分发挥其灵活性，既要超额完成上级政府的考核，又要提高地方政绩，在当今“土地财政”的社会，只有压缩拆迁补偿、控制支出成本，才能达致目标的理想化。村民的高期望值与政府的低补偿形成强烈反差，进而导致补偿难以落实，拆迁难以推进。尽管群众基本一致认为棚改利国利民，但对于没有拆迁补偿方案就以书面签字捺手印的形式征求拆迁意见抵触情绪很大。加之，村民法治意识尤其是程序意识普遍提高，部分村民家庭培养出了许多高学历人才，进行基本的法律检索，甚至可以作出一些专业性的体系解释，导致政府不规范的工作方式难以操作。

---

① 蔡洪岩、赵庆大、李志华：《集体土地征收过程中存在问题探微》，载《国土资源》2019 年第 6 期。

第三节 征地拆迁的可行性路径和行政救济

在拆迁征收过程中,体制与有效治理的矛盾导致了村民的信任危机,阶层分化的利益考量及补偿的不满意致使二者关系日渐趋于紧张,权力和权利、权利和权利的冲突与碰撞形成了利益对立,如何化解对立与矛盾,成为政府执政能力考核的标准和努力的目标。以岳各庄村为背景,扩散至北京,乃至整个中国的征地拆迁,商谈、补偿以及司法审查是3条可行的进路,有利于从根源上化解矛盾,实现我国依法治理与源头治理。

一、解开征地拆迁的"戈迪安之结"——商谈

征地拆迁过程中矛盾频发,许多情形下甚至演变成群体性事件,除了村民对补偿不满意之外,很重要的原因是面对即将失去赖以生存的土地,缺乏安全感,征地拆迁与村民对立或许是一个"戈迪安之结",①只是由于在国家治理模式下,"以'发展'作为考核标准之一的政府官员晋升制激励着基层政府以非正式化手段(暴力拆迁、血腥拆迁)推动任务指标的迅速完成",②而忽略了最简单、最有效的解决办法——商谈。要想走出征地拆迁矛盾频发的困境,

---

① 据传很久以前的小亚细亚上有一个名为戈迪安的小城,该城的卫城上矗立着一座神庙,神庙上供奉着一辆战车。国王在战车的车轭与车辕之间系了一个复杂的结,并宣称只要有人能够解开就能做国王。在随后的几百年中,无数的人进行了尝试也没有解开。直到马其顿国王亚历山大来到该城前,发现绳子是那么的复杂以至于不可能解开时,怒而挥剑砍断了绳子。后世便用戈迪安之结比喻用最简单的方法解开最复杂的问题。

② 付云娇:《国家治理模式下乡村征地拆迁非正式行为的发生逻辑——影响乡村社会秩序稳定的分析思路》,载《中国乡村企业会计》2019年第2期。

政府必须转变思维，抛弃为了效率而进行的强力压制，重塑政府权威与信任。建立起沟通的桥梁，与村民之间进行商谈，利于矛盾的解决与农村秩序的建构。“而哈贝马斯的商谈理论为我们理性地、有效地解决征地拆迁事件提供了跨越式的转点。”[①]在国家治理体系和治理能力现代化的视角下，相较暴力拆迁，商谈模式有巨大的优越性与可行性，“强大的行政机关与一介市民站在真正对等的立场上，就事关自己利害关系的事项展开富有诚意的对话”，[②]就此保障了公民的知情权、参与权及监督权，提高了公民支持国家建设的积极性。将商谈贯穿于征地拆迁的全过程，有利于解决问题的彻底性与自愿性，有利于实现国家治理体系和治理能力的现代化。

（一）基于交往理性的商谈

我国农村长久以来存在许多矛盾，而且这些矛盾长期得不到解决，致使民怨沸腾。如今，这些矛盾与拆迁问题杂糅，更是“滚雪球”。长期积压的矛盾找不到释放的出口，必然会影响农村秩序。如果能够确保村民平等的、普遍的、民主的参与征地拆迁的事件，很多纠纷完全可以避免。“允许被征收人直接参与征地决策过程”，[③]是哈贝马斯的商谈理论诠释的内涵，也是解决拆迁矛盾的关键。

“哈贝马斯将人类社会行为分为四个基本类型：目的行为、规范行为、戏剧行为和交往行为。交往行为是指两个以上的主体，

---

① 我国香港特别行政区政府拆迁紫田村事件的成功解决表明了通过商谈模式解决土地拆迁事件的优越性和可行性，这也说明了商谈理论在社会实践中的重要价值。参见：《借鉴：香港为何没有血腥拆迁》，载温州网：http://news.66wz.com/system/2010/09/14/102061865.shtml，2019 年 12 月 17 日最后访问。

② ［日］原田尚彦：《诉的利益》，石龙潭译，中国政法大学出版社 2014 年版，第 242 页。

③ 刘国乾：《土地征收审批的正当程序改革》，载《法学研究》2012 年第 4 期。

以语音为媒介,以人际理解和协作为基点,通过协商和讨论程序,就有关问题达成共识的活动。”[①]此即交往行为是人们通过商谈,就有关问题形成理解和共识,最终关于问题的解决达成一致。然而,在商谈过程中,诱骗、威胁、暴力等手段是禁止的,“共识可以是强制的客观结果,但如果明显依赖的是外界影响或暴力,共识就不会得到主体的承认。共识的基础是互相信服。互动一方的言语行为要想取得成功,就必须满足如下前提:即另一方接受了他在言语行为中所提供的内容,并对可以批判检验的有效性要求采取肯定或否定立场”。[②] 所以,哈贝马斯认为:“有效的只是所有可能的相关者作为合理商谈的参与者有可能同意的那些行动规范”。[③] 这是哈贝马斯所建构的基于交往理性的商谈,如果在征地拆迁过程中能够将其践行,那么也许是长久以来政府与村民对立的“戈迪安之结”的化解之道。在征地拆迁过程中,实现民主化的充分商谈,“化解‘异议风险’,达成有效性共识”。[④] 尤其是被征地的村民,能够通过与政府商谈,提出诉愿请求,最终得到相应补偿。

哈内马斯的商谈理论,创设了一个解决纷争的情景,为定分止争提供了理论支撑,而这一理论也为我们解决征地拆迁事件搭建了一个具有重大意义的平台:“打破政治性和行政性的不均衡,为尚未组织起来的民众提供能够讨论恢复其公平地位的平台,”[⑤]

---

① 杜学文、高军:《引入商谈模式解决群体性事件——香港拆迁紫田村事件和平解决的启示》,载《福建论坛》2011年第4期。

② [德]尤尔根·哈贝马斯:《交往行为理论:行为合理性与社会化》,曹卫东译,上海人民出版社2004年版,第274页。

③ [德]尤尔根·哈贝马斯:《在事实与规范之间——关于法律和民主法治国的商谈理论》,童世骏译,上海三联书店2003年版,132页。

④ 高鸿钧:《法范式与合法性:哈贝马斯法现代性理论评析》,载高鸿钧、马剑银主编:《社会理论之法:解读与评析》,清华大学出版社2006年版,第321页。

⑤ Sax, Defending Environment, p. 239. 参见[日]原田尚彦:《诉的利益》,石龙潭译,中国政法大学出版社2014年版,第232页。

进而保证了村民能够平等且充分的表达意见。这一平台的提供能够展示出弱势的村民群体与强大的政府平等协商、形成共识。商谈并不意味着政府的软弱与退让,而是作为一种新形式,为解决征地拆迁矛盾构建了平等的利益博弈平台,能够保证村民真正地以平等的、非强制性的参与商谈,提高作为弱者的村民们的话语权地位,使政府与村民在拆迁过程中达成共识,实现共赢,进而重构乡村社会秩序,实现国家有效治理,规避冲突发生,为国家和农村治理体系与治理能力的现代化的实现提供新路径。这也是政府的另一种智慧,真正从村民的角度看待问题、解决问题。

(二)岳各庄村三方合力并举

截至目前,关于岳各庄村历史问题如何稳妥有效解决,村民的建议存在可行性差、渠道诉求不畅通等问题。笔者认为,以村民自治和商谈合作为指导,分别从上级政府、村委会和村民三方合力并举,尤其是激发村民在村域治理上的热情,最大限度地避免村民"搭便车"的从众心理,让全村村民集体参与行动,推动棚改工作顺利展开,确保岳各庄村一系列问题得以尽快有效解决。

第一,基层政府转变治理理念,以《中共中央办公厅、国务院办公厅印发〈关于以村民小组或自然村为基本单元的村民自治试点方案〉的通知》精神为指导,加大政策法规的宣传力度,全面落实政府机制,加强基层有效治理;以农民权益保障为根本出发点。就棚改问题而言,由基层政府相关部门,派出工作组驻扎岳各庄村,对全村现状和棚改进程系统梳理,全面听取村民意见建议,以《平谷区集体土地住宅房屋拆迁区位补偿价、面积控制标准、产业安置标准、补助费的指导意见(试行)》为依据,在政策制定、村民宣传等方面作进一步调整和改进。

第二,村委会作为农村群众性自治组织,是政府与村民连接的纽带。一方面,村委会要明确基层政府与村委会的关系,研究基层政府与村委会之间存在的主要问题和产生的原因,从而推动转变基层政府的治理理念;切实提高村委会工作效率,维护村民合法权益。另一方面,按照上级政府的指示,切实落实好文件政策的宣传和导向工作,挨家挨户做好村民的思想工作,陈清利弊,为村民的理性决策做好指导工作。在具体问题上,村委会要鼓励村民积极参与村级政务,领导村民自治委员会,参与基层民主生活,对村民的意见建议也要认真倾听,及时汇报上级政府,发挥好村民之间与基层政府的桥梁作用,建立好村级政务执行跟踪制度,设立村民建议箱。此外,村委会还要进一步提高村干部素质,以打造素质过硬、全心全意为村民服务的村干部队伍,促进基层组织建设,提高村民满意度,维护村民根本利益。

第三、村民要以建设“美丽乡村”为己任,积极配合村委会和上级政府的各项工作,参与全村各项民主生活,发扬集体主义优良传统,明确村集体利益与每家每户百姓生活息息相关,针对棚改项目等敏感且关系村民切身利益的事项时,客观冷静解读文件政策,切勿以讹传讹。如遇有分歧时,在村委会领导下,建立村民自治委员会的村民意见反馈机制,同时以合法合理途径向村委会反映,进而向上级政府提出诉求。比如,在不影响村委会履行职能的前提下,以家族或邻里为单元,每个单元派出一名村民代表(党员优先),建立村民意见上报制度,定期向村委会反馈村民意见建议,同时也跟进村务执行情况,配合村委会各项工作开展,协调村委会与村民之间有效沟通,重塑村委会在村民中的威望和信任感。

岳各庄村征地拆迁过程中的历史杂糅问题,需要调动三方积极性,在三方合力并举下,顺利推动征地拆迁及棚改工作的进行,实施棚改这一利国利民的举措,切实改善人民生活环境、提高人民生活水平。

二、完善集体土地征收补偿制度

土地是人类获取生活物资的重要源头,征地拆迁对土地所有权的剥夺,使村民失去土地以及依附于土地的相关受益,故村民保护土地与拆迁形成对立。岳各庄村所发生的矛盾与纠葛只是我国征地拆迁过程中的一个缩影,在城市化建设的进程中,这些问题引起国家与学者们的关注,旨在解决这一问题,成为我们共同的目标。2014 年中共中央办公厅、国务院办公厅印发《关于农村土地征收、集体经营性建设用地入市、宅基地制度改革试点工作的意见》。2015 年 2 月,全国人大常委会通过《关于授权国务院在北京市大兴区等 33 个试点县行政区域内暂停调整实施有关法律规定的决定》。2020 年 1 月 1 日《土地管理法》颁布并施行,为土地征收程序和补偿标准提供了有益性借鉴,利于进一步完善土地征收补偿制度。

(一)土地征收程序正当

正当程序原则是我国依法行政的一项子原则。所谓正当程序,"是指体现了程序正义的基本原则、尊重程序参与者的程序性权利、体现了法律程序自身价值的法律程序",[①]其最初源于英国的"自然公正"原则,"立宪者制定正当程序条款的目的是要保护公民免受政府武断地剥夺'所有理性人'所珍视的利益"。[②] 正当程序原则最初仅适用于司法领域,是司法权监督行政权运行的一种方式。但随着行政主体在从事行政活动的过程中大量应用行政裁量,为了防止裁量恣意与脱逸,正当程序原则的适用主体也逐

---

① 王锡锌:《行政程序法理念与制度研究》,中国民主法制出版社 2007 年版,第 208 页。

② [美]理查德·J. 皮尔斯:《行政法》(第二卷)(第 5 版),苏苗罕译,中国人民大学出版社 2015 年版,第 584 页。

渐扩大至一切行使国家公共权力的人和社会团体，“一切权利只有在正当行使的前提下才能受到保护，无论公法还是私法，禁止滥用权利都是普遍的法原理”。[①] 随着法治进程的加快与法治意识的提升，程序正当的重要意义和地位的认知不断提升，正当程序原则的适用范围也得以不断拓展至部门法中，我国2019年《土地管理法》第47条规定了征地批前公告、听证和协商程序，土地征收的程序正当性被着重强调，进一步保障被征地者的利益。

“行政主体代表国家实施征收，应当具备公共利益需要，支付一定的对价且符合土地的市价，符合正当程序。”[②]与此同时，为保障被征地农民合法权益，从法律层面应当进一步规定较详细的土地征收程序。但面对地区经济差异，当法律无法全面作出规定时，“土地规制和征收法规范并不一定要事无巨细地由法律来规定，还可以在正当程序理念指导下对法规范形式和制定主体进行相应拓展”。[③] 在法律无法涵摄的领域，只有遵循正当程序理念，才能进一步落实农民在征地过程的权益。也就是说，土地征收涉及农民重大利益，如遇法律规定不全面，应当按照正当法律程序的要求，“及时告知信息、说明理由、听取意见，保障被征地农民的知情权、参与权和表达权”。[④] 正当程序原则，可以有效预防和减少矛盾纠纷，可以使征收行为更理性、征收补偿标准更合理。

（二）土地征收补偿合理

2012年中共中央、国务院在《关于加快发展现代农业进一步

---

① ［日］田村悦一：《自由裁量及其界限》，李哲范译，中国政法大学出版社2016年版，第40页。

② 乔仕彤、毛文峥：《行政征收的司法控制之道：基于各高级法院裁判文书的分析》，载《清华法学》2018年第4期。

③ 杨建顺：《论土地征收的正当程序》，载《浙江社会科学》2019年第10期。

④ 陈迎江：《集体土地征收补偿行为之合法性审查》，载《法律适用》2019年第7期。

增强农村发展活力的若干意见》中确立"兼顾国家、集体和个人利益的分配制度……提高农民在土地增值收益中的分配比例"的土地改革制度目标。2013年《中共中央关于全面深化改革若干重大问题的决定》提出:"保障农民集体经济组织成员的权利。"2014年《关于全面深化农村改革加快推进农业现代化的若干意见》提出:"加快建立农村集体经营性建设用地产权流转和增值收益分配制度。"2015年中央一号文件《关于加大改革创新力度加快农业现代化建设的若干意见》,中共中央办公厅、国务院办公厅《〈关于农村土地征收、集体经营性建设用地入市、宅基地制度改革试点工作的意见〉的通知》和2016年国土资源部《关于印发农村土地征收、集体经营性建设用地入市和宅基地改革试点实施细则的通知》两项文件进一步落实农民土地财产权益的实现,①2019年8月26日,第十三届全国人大常委会第十二次会议表决通过了《关于修改〈中华人民共和国土地管理法〉的决定》。从众多相关文件规定中可知,农民权益被重视是政府的工作基调,那么,如何让征收补偿更合理成为完善土地征收的重中之重。

土地关系众多村民的切身利益,"有征收必有补偿,无补偿则无征收,此为法治的基本要求,为了有效保障人民的财产权利,法治发达国家一般都规定了'征收'与'补偿'的'唇齿条款',以突出两者密切而不可分离的关系"。② "现行法律也坚持'征收'与'补偿'的同时性,坚持'有征收必有补偿'原则,禁止只征收不补

① 参见刘连泰、余文清:《公平市场价值在集体土地征收补偿中的适用》,载《浙江社会科学》2019年第10期。

② 陈新民:《台湾地区征收法制的困境与前瞻》,载姜明安主编:《行政法论丛》(第14卷),法律出版社2011年版,第19页。

偿或者低补偿或者拖延补偿。”[1]尤其是农民住宅的补偿，我国2019年《土地管理法》第48条第4款规定，“应当按照先补偿后搬迁、居住条件有改善的原则，尊重农村村民意愿，采取重新安排宅基地建房、提供安置房或者货币补偿等方式给予公平、合理的补偿，并对因征收造成的搬迁、临时安置等费用予以补偿，保障农村村民居住的权利和合法的住房财产权益”。与此同时，做好人口统计工作，对于一块宅基地上的三代人，依照居住有保障的原则，根据应保障人口的数量进行相应补偿。“在对财产权进行收用之时，通过财产权进行补偿，使其能够保持不低于收用之前的生活水平，这种损失补偿称为生活补偿或者生存权补偿。这里需要特别强调，‘不低于收用之前的生活水平’是人权保障的底线要求，故而不宜单纯套用市场价格主义。”[2]我国2019年《土地管理法》第48条第5款还考虑到土地所承载的保障就业、养老及社会保障等功能，通过安置补偿实现“原有生活水平不降低、长久生计有保障”，妥善解决征地拆迁农民居住问题与未来发展问题。

农村土地问题是依法治理的源头，是全面贯彻落实依法治国基本方略的重要基础。2018年1月2日，中共中央、国务院发布的《关于实施乡村振兴战略的意见》明确提出了“构建乡村治理新体系，建设法治乡村”的命题。然而，岳各庄村的征地拆迁，折射出城镇化建设进程中的一个共通性问题，这不仅关涉人口的大量迁移，而且对农村秩序造成了挑战，背离了依法治理的轨道。那么，在法治国家下如何减少在征地拆迁过程中的矛盾，商谈理论为保障被拆迁者的知情权提供了有效借鉴，且对征地拆迁起到了监督作用，进一步推动补偿安置的落实，也为全面推进农村基层

---

① 江必新:《修改〈土地管理法〉应当处理好的几对关系》，载《法律适用》2019年第7期。

② 杨建顺:《论土地征收的正当程序》，载《浙江社会科学》2019年第10期。

依法治理提供了理论指导和实践指南,从源头上推动国家依法治理的实现,保障国家长治久安。

三、复合型行政过程的司法审查

随着现代社会事务的发展,行政活动表现出复杂性和多样性,一系列的行政活动构成了一个复合型的行政过程。片面性的、区块性的解决行政过程中的某一事项已经行不通,"以'行政过程'为视点致力于行政法全体问题的发现的思考方式正快速地增加"。[①] 全面、动态地考察整个行政过程,将土地征收的全盘纳入视野,回溯至源头,形成一个闭合的解决机制,这或许是彻底解决问题之道。

(一)土地征收:一个复合型行政过程

"行政过程"这一词汇最早出现在行政学中日本行政法学者借鉴到行政法学中使用,有些并不具有行政法学上的特别的理论意义,而仅是在用语上使用"行政过程"。[②] 盐野宏将其定义为"行政过程是由复数的行为形式的结合乃至连锁而构成的";[③]阿部泰隆认为,行政过程是行政活动多阶段的、复合性的、创造性的连锁过程;[④]园部逸夫认为,从作为行政国家特征的现代国家的现实功能来看,行政占据了政策决定与行政执行的大部分。这从行为连环的观点来考虑这种行政的功能,可以将其称为行政过程;[⑤]朱维究认为,"为履行行政管理职能而实施的一系列行政行为形

---

① 江利红:《日本行政法学基础理论》,知识产权出版社 2008 年版,第 323 页。
② 同上书,第 325 页。
③ [日]盐野宏:《行政法总论》,杨建顺译,北京大学出版社 2008 年版,第 57 页。
④ 参见江利红:《日本行政法学基础理论》,知识产权出版社 2008 年版,第 326 页。
⑤ 同上书。

成一个前后承接的动态过程”;[①]江利红则将其定义为“为了实现一定的行政目的,行政主体依据法律实施一系列的行政行为或其他行为而构成的过程”。[②] 可见,行政过程没有统一的定义,但能够得知其范围不仅是指具体的行政行为,而且涵盖行政权为实现行政目的,采用一切手段所构成的一系列过程,包括行政立法、行政行为、行政调查、行政合同、行政程序等。“行政过程论”是一种方法论,不仅适用于法学领域,“其作为‘组织的意思决定过程’,分析政治学、行政学、经济学中的研究成果”。[③] 至此,能够归结出这一方法论可以适用于多个领域。

从行政过程这一视角出发,在征收土地的过程中,很多情况都是经过行政机关的“调查—规划—请示—审批—公告—听证—决策—制定决定—补偿安置”等一系列过程,如果在征收过程中受阻,还有可能涉及行政强制行为、行政复议、行政诉讼和行政赔偿。可知,土地征收涉及一系列的行政活动,其构成一个复合型行政过程。也就是政府在作出政策和政策执行完毕之间,衍生出了多个行政活动,有具体行政行为、程序性行为、事实行为以及法律行为。考察我国的征地拆迁,首先,应当是政府对拆迁征收进行事先的调查、规划;其次,作出内部的拆迁征地决策,并进行审批;随后,对外作出房屋征收决定和补偿决定;最后,就补偿事项与被征收人签订补偿协议。故而,应将土地征收视为一个复合型行政过程。

(二)审查征收决定的期待:程序性审查

土地征收是一个复合型行政过程,由于政策的导向性、主体

---

① 朱维究、胡卫列:《行政行为过程性论纲》,载《中国法学》1998 第 4 期。

② 江利红:《行政过程论在中国行政法学中的导入及其课题》,载《政治与法律》2014 年第 2 期。

③ 江利红:《日本行政法学基础理论》,知识产权出版社 2008 年版,第 326 页。

的多元化、程序的复杂化，使解决其争议难上加难。商谈理论为被征收人参与行政决策提供了理论基础，补偿制度给予了被征收人获得合理补偿的法律依据，我国《宪法》第 10 条第 3 款规定，“国家为了公共利益的需要，可以依照法律规定对土地实行征收或者征用并给予补偿”。这一基本法条款赋予了被征收人获得补偿的权利，但是，当“合法的公权力行使使财产权受到侵害，为维护公平，对其中的特别牺牲者，在全体负担中，用金钱予以填补”，[①]而被征收人对补偿不满时，“可以借助独立的司法保护而向公权力主体行使权利”。[②] 也就是说，“被征收人和相关公众有权参与决策过程，表达自己的看法和利益诉求，也有权向法院提起征收决定有违公共使用之宪法前提的争议”。[③] 随着公民权利意识的提高，行政诉讼的受案范围和行政诉讼请求保护的利益逐渐扩大。规制行政权、保护公民权利，是法治国家所追求的目的。而我国 2019 年《土地管理法》第 44 条和第 46 条规定可知，“集体土地征收审批权由国务院和省级政府垄断”，且在司法实践中，法院适用我国《行政复议法》第 30 条第 2 款[④]将省级政府的征地决定排除在可诉性范围外，这些规定与基本法所赋予公民权利的目的背道而驰。征地拆迁的行政过程，与其说是具体实施法所事先预设的内容，莫不如说是国家为了实现公共利益的一种积极的政

---

① ［日］宇贺克也：《国家补偿法》，肖军译，中国政法大学出版社 2014 年版，第 354 页。

② ［德］汉斯·J. 沃尔夫、奥托·巴霍夫、罗尔夫·施托贝尔：《行政法》（第 1 卷），高家伟译，商务印书馆 2002 年版，第 473 页。

③ 彭錞：《中国集体土地征收决策机制：现状、由来与前景》，载《华东政法大学学报》2017 年第 1 期。

④ 《行政复议法》第 30 条第 2 款规定：根据国务院或者省、自治区、直辖市人民政府对行政区划的勘定、调整或者征收土地的决定，省、自治区、直辖市人民政府确认土地、矿藏、水流、森林、山岭、草原、荒地、滩涂、海域等自然资源的所有权或者使用权的行政复议决定为最终裁决。

策创造过程，所以，在我国征地决定不受司法审查是制度障碍，这一障碍短期之内很难克服，但补偿安置是行政行为，[①]符合行政诉讼的受案范围。在司法实践中，被征收人可以提起针对补偿安置不服的行政诉讼，法院应当如何对征收决定行使审查权，是当下亟须探讨的问题。

"在现代行政诉讼中，那种并不以单体行政行为是否符合法律要件的单纯法律问题为争点，反倒以复杂的复合型行政过程全体为审理对象，在诉讼中围绕其是否合法展开论证的事例，变得越来越多"，[②]那么，法院在审理复合型行政过程时，只是审查补偿安置这一行政行为，恐怕其结果不能让人信服，而且也会有违民主政策的原理，使行政征收决定的民主性更空洞化。因而，在审理这一复合型行政过程时，由于介入了国家政策的因素，法院可以回避实体判断，而从监督行政过程的视角，审查相关利害关系人是否正当的参与，行政机关是否经过公正的事实调查，民主化地推进征收决定。若经过审理查明，征收决定在不公正且非民主的情形下作出的，法院可以大胆地暂行撤销该决定，并使其重新回到民主的轨道上，再详细充分地调查，公正地征求意见，实现利害关系人的民主参与，这才是政府在依法治国目的下的本来使命，也是我们所期待的法院能够直接大胆的审理，进而形成自己的实体判断，这无疑是一个解决问题的途径。

概言之，"复合型行政过程的司法审查应该回避实体面的审理而站在监督行政过程正当与否的角度来实施，那么，法院就将不得不采取措施面来对行政过程是否遵从了法定程序加以审理

---

① 参见(2019)年最高法行再199号。

② Brohm, Die Dogmatik des Verwaltungsrechts vor den Gegenwartsaufgaben der Verwaltung, VDStRL, Heft30, S. 256.

的方式”。[①] 故在审理拆迁征收案件，法院应当进行程序性审理：首先调查行政机关是否有作出土地征收决定的权限；接下来，审查行政机关有没有确实履行法律上所要求的行政程序；此外，还应当对整个行政过程，是否真正充分听取了民意，考虑了征收效果之后公正实施的。如此，法院从程序上监督行政机关的判断过程，尽可能地以保护利害关系人的参与权和民主性、正当性为重点的审查，既有利于司法公正，也回应了依法治国下保护公民权利的价值取向。至此，法院在审理复合型行政过程时，尤其是介入政策问题时，法院应发挥新的功能，尝试程序面向的审查，对思考我国今后行政诉讼的模式，具有启发性意义。

---

① ［日］原田尚彦：《诉的利益》，石龙潭译，中国政法大学出版社 2014 年版，第 232 页。

第二章 健全乡村自治制度推进乡村振兴

于 洋[*] 赵 杰[**]

抓源头、顺民意，提升的不仅是治理水平，更是生活的整体满足感与幸福感，同时增强了社会向心力与凝聚力。乡村治理，这是一个亘古以来就存在的发展难题，要想破解这一发展难题就必须找准源头，精确治理。

原则能够指导制度的设计，保证制度的合理性。理顺乡村发展思路，肃清乡村发展障碍，健全乡村自治制度，推进乡村振兴应当坚持党的领导、法治和民主自治等原则，才能更好地发挥基层自治的制度效能，切实保障人民的民主权利，实现人民当家做主。

---

* 中国人民大学法学院2017级硕士研究生。

** 中国人民大学法学院2018级硕士研究生。

第一节　坚持党的领导

随着城镇化建设的深入发展，乡村党组织面临着新的挑战和任务。贯彻落实乡村振兴战略，需要坚持党的领导，加强基层党组织建设，提升村民自治效能，防止出现基层党组织领导作用下降、村民自治实效不佳等问题。

“完善基层群众自治制度，发展基层民主，是社会主义民主政治建设的基础和重要组成部分。”①乡村地区的冲突状况盘根错节，村党组织在长期历史实践中较健全，而村委会有用法律赋予的自治权，②加之村支书和村委会主任的职责界限常常很模糊，可能导致农村出现两个权力中心，分散了基层治理力量。这就需要找准改革发展的方向，理顺农村治理体制，寻求合理的途径去推进和深化改革。北京市平谷区的治理方式，为我们展示了一个现实途径，提供了一个极好的范本。

平谷区党委政府在黑豆峪村从2010年起试点村支书和村委会主任“一肩挑”制度，由陈某某担任村党支部书记的同时，通过选举成为村委会主任。这一制度理顺了村党支部和村委会之间的关系，消弭了二者之间的冲突，解决了因争权导致的效率低下等问题。中央对这一问题也有清醒认识，为解决这一长期以来困扰农村基层民主实践的问题，中央制定了《中国共产党农村基层工作组织条例》和《中国共产党农村工作条例》。这两部条例规

① 中共民政部党组：《党的十八大以来中国特色基层民主建设的显著成就》，载《求是》2017年第11期。

② 参见傅伯言、汤乐毅、陈小青：《中国村官》，南方日报出版社2001年版，第229～230页。

定:村党组织要领导村民委员会以及村务监督委员会、村集体经济组织,领导和推进村级民主选举、民主决策、民主管理、民主监督,推进农村基层协商,支持和保障村民依法开展自治活动,支持和保证这些组织依照国家法律法规以及各自章程履行职责。村党组织书记应当通过法定程序担任村民委员会主任和村级集体经济组织、合作经济组织负责人,村"两委"班子成员应当交叉任职。村务监督委员会主任一般由党员担任,可以由非村民委员会成员的村党组织班子成员兼任。村级重大事项决策实行"四议两公开",即村党组织提议、村"两委"会议商议、党员大会审议、村民会议或者村民代表会议决议,决议公开、实施结果公开。党的农村基层组织应当健全党组织领导的自治、法治、德治相结合的农村治理体系。深化村民自治实践,制定完善村规民约,建立健全村务监督委员会,加强村级民主监督。①

我国法律也明确了基层党组织在乡村治理中的作用。《村民委员会组织法》第 3 条明确规定:"中国共产党在农村的基层组织,按照中国共产党章程进行工作,发挥领导核心作用",要"依照宪法和法律,支持和保障村民开展自治活动、直接行使民主权利"。村级党组织要正确定位,充分发挥其领导核心作用,引导村民有序参与基层民主政治,为农村各项事业的发展提供政治保证。

同时,平谷区由"街乡吹哨,部门报到""支部吹哨,党员报到"的"双吹哨双报到"制度出发,在村民基层自治层面进行制度改革与创新,全方位发挥乡村基层组织的作用,让农民在当家做主中体会真正的民主、在基层自治中理解真正的法治。

---

① 参见《中国共产党农村工作条例》第 10 条第 3 项、第 19 条第 2 款和第 3 款、第 20 条第 1 款,《中国共产党农村基层组织工作条例》第 10 条、第 19 条、第 20 条。

总之,"中国共产党领导是中国特色社会主义最本质的特征"。[①] 完善基层群众自治制度,"必须始终坚持党的领导,充分发挥党总揽全局、协调各方的领导核心作用,把党的领导贯穿于基层群众自治机制建设全过程、各方面"。[②] 同时,村党组织应当在乡村自治中发挥"领导核心"和"战斗堡垒"作用,确保基层民主建设始终沿着中国特色社会主义民主发展道路前进。

第二节　坚持法治原则

村民自治在国家治理体系现代化进程中起着重要的作用,随着国家与社会的进步发展不断发生新的变化。

确保村民自治,尊重村民的意思自治和主体地位,维护农民群众的知情权、决策权、参与权和监督权,按照村民的集体意志实现自我治理,是党领导亿万农民找到的一条适合我国国情的推进农村基层民主政治建设的重要渠道。[③]

基层自治经历了近 40 年的风雨洗礼,群众在这一历史过程中获得了一定的民主自治训练,已经渐趋成熟理性。村民们对村干部有了更多期许和更高要求,除希望农村"能人"能够以自己卓越的能力带领村民致富外,更重要的是希望其能依法办事,做到公平公正、不谋私利,推进新农村建设。总而言之,今天农村治理对"能人"的法治意识和政治素质、道德素质、法律素养等综合素

---

① 《宪法》第 1 条第 2 款。

② 中共民政部党组:《党的十八大以来中国特色基层民主建设的显著成就》,载《求是》2017 年第 11 期。

③ 参见陈金玉:《"四个覆盖"与村民自治》,载《河北省社会主义学院学报》2013 年第 2 期。

质提出了更高的要求。[①]

实践可知,“能人治村”具有治理绩效可观,能够带动村庄发展,带领村民脱贫致富,增加村民福利,维护村庄利益等优点,因此,备受乡镇政府和村民的青睐。需要特别注意的是,近40年的村委会选举大多是村级“能人”之间的竞争,虽然个中存在不少问题,但“能人”之间的角逐极大地激发、培养了村民的权利意识、民主意识和法律意识,为依法治村奠定了相对可靠的广泛群众的法治意识基础。

依法治村是推进农村治理体系和治理能力现代化的必由之路,可以认为,没有农村治理体系的“法治化”,就没有农村治理体系的现代化,治理能力现代化进程就会受阻。1982年《宪法》规定了村民自治制度,随后的《村民委员会组织法》落实宪法规定,展开村民自治制度,加之地方制定了相应的地方性法规,由此,形成了较为完备的法制体系。坚持法治原则,要求完善乡村自治法制体系以及村治的运行,无论在实体上还是程序上,必须遵守有关村民自治法律法规的规定,不仅是村“两委”的自治权力要受到约束,村民们也应当依法行使权利。

应当着力要完善村民自治法治体系,加强相关法律的制定、修改和实施,强化乡村自治各方主体的守法意识,规范村委会权力行使程序,为村民行使自治权利提供制度保障,这是建设社会主义法治国家的基本要求。乡村作为法治覆盖程度相对较低的地区,许多现状与法律内容存在不符,从而导致发展过程中问题频发。《村民委员会组织法》对乡村自治的各方面都作了一定程度的规定,但规范明显不足,缺少很多关键性的制度。尤其是对

---

① 参见贾锡萍、凃明君、乔贵平:《从“能人治村”走向“依法治村”——基于天津市村两委干部法律素养问题的调查》,载《天津行政学院学报》2016年第5期。

村“两委”的工作程序规定稍显简略，甚至缺失，使对村“两委”的权力约束较为宽松；此外，还缺乏村民权利的救济途径。例如，当村民自治章程或村规民约侵犯了村民权利，法律规定由乡级政府责令改正。[①] 分析可知，村民可以向乡镇政府举报，但举报的功能不在于权利救济，更多是一种监督。而且，接到举报后乡镇政府怠于履行职责，村民也没有更进一步的法定途径寻求救济。也就是说，村民权利能否获得保护完全依靠乡镇政府，这不符合有权利必有救济的现代法治原则，也严重影响了村民自治实践的有序运转。再如，村民对公开的村务内容真实性存疑时，能够向谁提出质疑，由谁进行核查？法律对此也没有规定。如此，村民自治、村民参与和村民监督很可能被“架空”。

总之，“不能认为一搞村民自治就可以当然保障村民的合法权益。必须在法治的原则下规范村民自治的各项制度，才能充分保证村民自治作为中国基层自治制度中一种重要的自治形式应有的作用”。[②] 唯有坚持贯彻法治精神，运用源头治理思维，全方位推进基层自治的实现，才能实现乡村地区的稳定快速发展。

第三节　民主自治

制度在很多时候是塑造世界的力量，良好的制度具有巨大的

① 《村民委员会组织法》第 27 条第 2 款规定：“村民自治章程、村规民约以及村民会议或者村民代表会议的决定不得与宪法、法律、法规和国家的政策相抵触，不得有侵犯村民的人身权利、民主权利和合法财产权利的内容。”第 3 款规定：“村民自治章程、村规民约以及村民会议或者村民代表会议的决定违反前款规定的，由乡、民族乡、镇的人民政府责令改正。”

② 参见崔智友：《中国村民自治的法学思考》，载《中国社会科学》2001 年第 3 期。

潜能。党的十九届四中全会专题讨论中国特色社会主义治理制度建设,从这一角度来看,制度对推进国家治理体系和治理能力现代化的重要性不言而喻。从乡村自治制度建设上来讲,我们应当关注民主自治在村民自治制度中的作用。

乡村基层民主自治包含着五个要素,分别是民主选举、民主协商、民主决策、民主管理、民主监督。① 在基层自治的过程中,五要素相辅相成、相互促进,共同搭建起农村基层自治的根基。

一、民主选举

随着经济进步与社会发展,基层民主自治,尤其是民主选举机制的作用不断凸显,在带动地区发展与提升经济水平层面扮演了重要角色。然而,在这一过程中,也出现了一些违法违纪现象。部分地区通过金钱贿赂以及暴力、恐吓等方式非法操控选举的情形也非常普遍。农村“两委”班子是农村经济社会发展稳定的基石。②

近年来,随着广大农村地区生活水平的改善,农村群众的物质生活得到了极大丰富,其参与政治生活的积极性不断上升。在部分农村地区的换届选举中,由于规范意识较差、管理手段落后、违法成本较低等原因,各类贿选现象层出不穷,严重损害了广大农村集体及群众的切身利益,破坏了基层自治制度的完整性,给基层地区的发展与管理造成了严重的阻碍。

而在相关法律法规中,对贿选这一行为早已有所规定。我国《村民委员会组织法》对此明确规定,“对以暴力、威胁、欺骗、贿

---

① 参见《中共中央关于坚持和完善中国特色社会主义制度 推进国家治理体系和治理能力现代化若干重大问题的决定》,载《人民日报》2019 年 11 月 6 日,第 1 版。

② 参见梁文壮、武铁虎:《对加强农村“两委”班子建设的思考》,载《前进》2014 年第 8 期。

赂、伪造选票、虚报选举票数等不正当手段当选村民委员会成员的，当选无效”。[①]《全国人民代表大会和地方各级人民代表大会选举法》中也规定了“以金钱或者其他财物贿赂选民或者代表，妨害选民和代表自由行使选举权和被选举权的”[②]属于“破坏选举”，应该“由主持选举的机构及时依法调查处理；需要追究法律责任的，及时移送有关机关予以处理”。[③]

虽然相关法律法规已经对破坏选举的行为进行了规范并设置了相应的法定刑，但是仍有部分人员存在侥幸心理，作出违法行为，形式与手段也更多样。农村地区换届选举中的“贿选”现象，主要存在的形式如下。

（一）给予承诺，换取选票

这种形式通常表现为，竞选人在投票环节进行之前，私下与选举人协商，以当选之后所为一定的行为来换取选民手中的选票，通过动用一系列权力与手段来达成与选举人的交易，并且，一般不考虑该行为的违法性与危害性。

（二）钱财交易，操控选举

这种形式通常表现为竞选人利用逢年过节或者与选举人见面的机会，以日常联络为由，给予选举人一定数量的钱财或物品，以争取该选举人手中的选票。这种方式较为简单直接，但与民间传统习俗较为相似，并且，近年来钱财的交易方式以及物品的种类不断变化，不仅在制度界定上存在不足，在实际查处过程中也存在一定的困难。

（三）联系情感，血缘宗亲

在费孝通先生的《乡土中国》一书中写道，中国自古以来的社

① 《村民委员会组织法》第 17 条第 1 款。
② 《全国人民代表大会和地方各级人民代表大会选举法》第 57 条第 1 款第 1 项。
③ 《全国人民代表大会和地方各级人民代表大会选举法》第 58 条。

会形态大致属于熟人社会，传统社会存在一张庞大且复杂的关系网，民间盛传的“熟人好办事”的说法，正是对熟人社会的一种朴素表达。而在乡村地区选举过程中，这种熟人社会转而变成了滋生“贿选”现象的温床，各个村落最初成立便是基于血缘宗亲关系，虽经过几代发展，但乡村覆盖范围仍然有限，基于情感关系的拉票行为仍然屡禁不止。

选举过程监督机制不够完善是“贿选”形成的制度性原因。[①]我国《村民委员会组织法》也规定了针对“贿选”行为应当“取消贿选者成为候选人和当选的资格”。但从我国现状来看，制度层面法律法规对“贿选”这一行为的定义界定不清，无法对执行层面起到充足的指导作用；运行层面执法主体的权责不明，容易产生推诿现象；惩处层面对“贿选”行为的力度不足，违法成本过低导致破坏选举现象屡禁不止。

而基层地区，特别是农村地区选民的选举意识与法治意识较差，是“贿选”现象出现的思想性因素。经过长期的发展，随着“依法治国”观念的提出，我国城市地区群众的法治意识不断增强，但农村地区的发展仍然不尽如人意，总体上存在许多不足。在面临“贿选”行为时，选民第一时间想到的并不是自身的选举权利遭受了侵害，而是去衡量基于“贿选”所能得到的利益；更有甚者，为了获得更大的非法利益，选择通过明码标价的方式兜售自己手中的选票，丝毫不顾集体权利的完整性与严肃性。

北京市平谷区针对这一“老大难”现象，从转变观念出发，以制度改革为引导，提高执法精准度，改善执法行为方式，加强法治教育宣传，在肃清“贿选”的道路上披荆斩棘。在制度改革层面，

---

① 参见骆苗、祝军：《村民自治中的贿选问题研究——基于制度分析的视角》，载《中国青年政治学院学报》2012 年第 5 期。

平谷区采取重点突破的方式，以竞选人为突破口，在选举过程进行之前增加选举说明环节，向其充分说明“贿选”行为的违法性以及危害性，并向其明确关于“贿选”行为的一系列惩处措施。同时，加大对竞选人个人履历等材料的审核力度，将个人履历与候选人名单一并公示，保证广大选举人员的知情权，若在选举过程中出现任何违法违纪现象，第一时间成立相关调查小组，及时对有关人员定性定责，根据情节采取取消选举资格、移交有关部门处理等措施，保证选举过程的合法有效与顺利进行。

同时，平谷区也加强贿选危害性的宣传。民主意识的增强是教育宣传的重中之重。[①] 在预防“贿选”这件事情上，对竞选人的管理和对选举人的教育同样重要。乡村地区的选民尚处在选举意识与权利意识不足的状态，通过广泛的宣传教育，帮助选民正确认识自己手中的权利，并认清不当处理选票可能带来的一系列危害。那些依靠贿选方式当选的候选人只可能把手中的公共权力用来进行权钱交易，中饱私囊，而不会想方设法为村集体、村民谋利益。[②]

二、民主协商

此外，特别要注意协商民主的发展。“社会主义协商民主，是中国社会主义民主政治的特有形式和独特优势。”[③]农村协商是基层群众自治的生动实践，是社会主义协商民主的重要组成部分和有效实现形式。发展农村民主，必须根据农村实际，切实把协商民主落实到农村决策管理的各方面，凡是涉及群众切身利益的决

① 参见孙忠辉：《构建党内基层民主建设的动力机制》，载《党政论坛》2010 年第 3 期。

② 参见周建伟、陈冬生：《村委会贿选的经济动因与对策》，载《中国市场》2005 年第 19 期。

③ 习近平：《在庆祝中国人民政治协商会议成立 65 周年大会上的讲话》，载《人民日报》2014 年 9 月 22 日，第 2 版。

策都应当充分听取村民群众意见，通过各种方式、各个方面同村民群众进行协商，保障村民充分享有民主权利。[①]“按照协商于民、协商为民的要求”，[②]“依托村民会议、村民代表会议、村民议事会、村民理事会、村民监事会等，形成民事民议、民事民办、民事民管的多层次基层协商格局”。[③]

三、民主决策

《村民委员会组织法》依法确立了村民自治地位，村民的政治权利得到了保证。但在现实中，村民的政治意识却存在缺失的情况。对村领导班子的决策不理解、对规定的事项不执行等情形屡见不鲜，严重阻碍了村民自治制度的完善与发展。

平谷区深刻认识到民主决策的重要性，重点改革决策过程中的方式方法。例如，入户了解群众对重大决策的反馈意见、以村为单位召开民主座谈会，广开言路，广泛征集群众的意见及建议，不断完善民主决策。

对于涉及本村发展及多数村民利益的事项，决策方案应反复征求村民意见，切实从百姓利益出发，征得绝大多数村民同意后，再进行决策。[④]

四、民主管理

民主管理的顺畅运行是保证民主权利充分行使的前提，只有

---

① 参见中共民政部党组：《党的十八大以来中国特色基层民主建设的主要成就》，载《求是》2017年第11期。

② 习近平：《民主重点在基层群众中展开协商》，载中国政协网：http://www.china.com.cn/cppcc/2014－09/22/content_33576755.htm，2019年12月28日最后访问。

③ 《中共中央　国务院关于实施乡村振兴战略的意见》，中发〔2018〕1号。

④ 参见李伟书、杨中杰：《加强农村基层民主建设需突出“四个创新”》，载《前线》2010年第4期。

管理制度完善、管理手段多样、管理方法先进、管理理念健全，才能为民主权利营造良好的行使氛围，实现乡村地区更好的发展。

平谷区选择了由结构入手，构建各方主体广泛参与的新型民主管理模式。充分结合本地地理特征以及发展特点，进行扁平化、网格化管理模式，通过发展各类社会服务组织，与村党组织共同发力，提高民主管理效率。①

五、民主监督

监督作为村务工作的最后一道防线，其重要性不言而喻。建立起一套符合乡村实际，法律监督与制度监督、内部监督与外部监督、党组织监督与群众监督相结合的监督体系，是解决农村民主监督乏力、真正实现村民知情权、监督权的关键。②

为此，平谷区通过强化监督主体的独立性，不断加强对村民的思想政治教育，同时与破除基层管理人员传统“官本位”思想并行，创新与完善监督模式，促进民主监督的现代化建设。③

这些做法，为乡村地区的基层自治治理构建了有效载体，为转变政府职能、建设法治政府、服务型政府提供了良好转型契机，也为基层干部运用法治方式开展基础性、普遍性工作提供了有力抓手。④ 推广乡村基层治理五要素的过程，实际上也是检验现行法律法规缺陷和制度不足的大好机会。

---

① 参见陈俊傲、顾美萍：《社会领域党服务群众的路径创新——基于上海市金山区张堰镇区域化党建的实践》，载《上海党史与党建》2016 年第 4 期。

② 参见李伟书、杨中杰：《加强农村基层民主建设需突出“四个创新”》，载《前线》2010 年第 4 期。

③ 参见李燕：《当前我国农村基层民主监督存在的问题及对策分析》，载《法制博览》2018 年第 25 期。

④ 参见陈金玉：《“四个覆盖”与村民自治》，载《河北省社会主义学院学报》2013 年第 2 期。

总之,民主自治,不仅有利于节约国家财政资源、公共资源,而且有利于遏制乡村自治组织的不良行为,提高乡村资源效能,丰富社会主义民主的内容。如同邓小平曾言:“把权力下放给基层和人民,在农村就是下放给农民,这是最大的民主。我们讲社会主义民主,这就是一个重要内容。”[①]党的十七大将村民自治在内的基层群众自治制度首次纳入中国特色政治制度范畴。[②] 党的十八大指出,必须要完善包括村民自治在内的基层民主制度,保障人民享有更多、更切实的民主权利。[③]

民主自治需要保障村民的民主选举权、民主协商权、民主决策权、民主管理权、民主监督权等实体上的权利,也需要保障村民议事参与等程序上的权利。例如,选举时应当遵守无记名投票、秘密写票、公开投票等程序。民主权利需要民主的程序作为实现路径,二者紧密联系。

第四节　总结

《宪法》规定了乡村自治制度,保障村民的自治权利。坚持党的领导是实现乡村自治的根本保证,法治是乡村自治的制度保障,民主自治是其核心体现。基层民主是中国特色社会主义民主的基础和重要组成部分,也是中国特色社会主义民主最广泛的实践。

---

① 《邓小平文选》(第3卷),人民出版社1993年版,第252页。

② 参见《胡锦涛文选》(第2卷),人民出版社2016年版,第634~635页。

③ 参见《坚定不移沿着中国特色社会主义道路前进　为全面建成小康社会而奋斗——在中国共产党第十八次全国代表大会上的报告》,载《人民日报》2012年11月18日,第1版。

这里的民主是以直接民主为主要内容，以村民会议为主要形式。[①]同时，《村民委员会组织法》也规定了间接民主形式，如村民代表会议可以行使村民会议授予的职权。

党的十九届四中全会强调，发展基层民主，必须长期坚持党的领导，贯彻法治精神，以人民为中心，遵守人民当家做主的要求，不断丰富民主形式、拓宽民主渠道，如此，方能既保证村民依法实行自治，也能保证村民依法进行民主选举、民主协商、民主决策、民主管理、民主监督。[②]

村民自治是一种基层群众自治制度，是我国基本政治制度的内容。村民自治制度正是能够创造出村庄秩序巨大可能性的良好制度，它可以使一些本来缺乏希望的村庄依靠自身的力量得到拯救。[③] 乡村治理作为国家治理的重要组成部分，是国家治理体系与治理能力现代化建设的重要内容和基础性工程。依法推进基层群众自治制度建设，需要健全基层选举、议事、公开、述职、问责等机制，[④]促进村民在乡村治理、基层公共事务和公益事业中依法自我管理、自我服务、自我教育、自我监督，切实防止出现选举时漫天许诺、选举后无人过问的现象。[⑤] 加强党组织建设，发挥基层党组织的堡垒作用，同时，要以法治作为刚性制度约束，从而推进乡村自治，实现乡村振兴。

---

① 村民会议有权决策重大事务、审议村民委员会的年度报告、评议村民委员会成员的工作。参见《村民委员会组织法》第 23 条、第 24 条。

② 参见《中共中央关于坚持和完善中国特色社会主义制度　推进国家治理体系和治理能力现代化若干重大问题的决定》，载《人民日报》2019 年 11 月 6 日，第 1 版。

③ 参见贺雪峰：《论民主化村级治理的村庄基础》，载《社会学研究》2002 年第 2 期。

④ 参见《中共中央关于全面深化改革若干重大问题的决定》，载《人民日报》2013 年 11 月 16 日，第 1 版。

⑤ 参见《民政部、中央组织部、中央政法委、中央文明办、司法部、农业农村部、全国妇联关于做好村规民约和居民公约工作的指导意见》，民发〔2018〕144 号。

第三章 源头治理、双轨政治与群众路线

刘子豪[*] 李 群[**]

本章内容主要关注基层治理中的政治活动主体、运行轨道以及畅通的“双轨政治”如何进行。这种政治运行逻辑是基层治理的源头所在，主要体现为居于“上方”的治理主体与居于“下方”的治理对象如何进行政治互动，主要包括基层政策制度的制定与实施、基层执法的方式选择与内容裁量、基层民众的政治表达与参与，等等。而正如费孝通先生所言，“政治绝不可能只在自上而下的单轨上运行的。一个健全的、能持久的政治必须是上通下达，来还自如的双轨形式”。[①] 这种政治运行中的互动是催生政治理性的关键源头之一。建构上

---

* 中国人民大学法学院 2017 级硕士研究生。

** 公安部警务保障局干部。

① 费孝通：《乡土重建》，中信出版社 2019 年版，第 77 页。

通下达的双轨政治，是开展源头治理的核心所在。从利益格局来看，目前中国社会结构面临较突出的利益失衡问题，尤其突出表现在基层社会与弱势群体之间。维持基层社会的利益平衡，亦是基层治理的题中应有之义。“其中首要的问题便是利益表达，没有有效的利益表达机制，其他的利益协调机制都无从谈起。”①

在基层自治框架下，构建畅通的“双轨政治”，首先要处理的便是依法治理与源头治理的关系。现行基层自治制度为基层民众设计了一整套精密的选举、决策、管理、监督等程序，意图以此构建上通下达的政治轨道，并“通过村民自治和农村基层民主的实验，使民主自下而上渐进拓展，走出一条中国特色的民主化道路来”。② 但实践中往往事与愿违，这样的现象在基层社会屡见不鲜：一方面，上级机关恪守基层自治法律制度，对基层事务采取“无为”态度，且政府如果过多作为便有违法风险；另一方面，基层民众又并不具备足够的政治理性和政治力量，法律虽然赋予其自治权利，但并不具备相应的权利能力。如何在尊重依法治理的前提下，真正实现畅通“双轨政治”这一源头治理目标，是目前摆在治理者面前的最大难题。本章将先对调研中所观察到的三种村治形态③进行描述，分析其政治运行状况，然后以双轨政治为理论切入点，探索党的群众路线如何作为可能的解决构想。

---

① 孙立平：《博弈：断裂社会的利益冲突与和谐》，社会科学文献出版社2006年版，第32页。

② 陈剩勇：《村民自治何去何从——对中国农村基层民主发展现状的观察和思考》，载《学术界》2009年第1期。

③ 三种村治形态的类型化研究，参见陈剩勇：《村民自治何去何从——对中国农村基层民主发展现状的观察和思考》，载《学术界》2009年第1期。

第一节 对村治现状的描述

一、行政主导型——海子村

土地问题往往是影响基层政治生态的首要问题，对海子村而言也并不例外。海子村地理位置毗邻水库，自20世纪50年代，基于水库修建、商业开发等目的，海子村的集体土地被陆续征收。但由于村民对征收标准不满意、征收过程缺乏民众参与与公开透明，以及可能存在的村干部和党政干部贪腐问题，村民一直采取诉讼、上访等方式争取补偿款。问题的集中暴发是在2016年前后，海子村在“两委”换届后，落选的候选者发动村民集体上访，反映当选村干部的贪腐问题。这场声势浩大的集体行动最终导致时任村委会主任被停职调查、村支部书记主动辞职，继而由乡镇一级于2017年3月派出工作组全面组织海子村日常事务。但是，工作组进驻工作后，在村集体事务的决策处理中，现行法律所规定的基层自治制度基本被悬置。在调研中，多数村民提到村里目前没有村民代表，也没有召开村民大会。村集体事务的决策如今都由工作组和村委会、村党支部协商决定。“但其实主要都是工作组说了算”，村民大多都如是评论。可见，工作组进驻后，海子村变成了一个典型的行政主导型村治生态，大到村集体财务管理、小到村内低保户名额的认定，都由乡镇派驻的工作组直接进行管理。

这种行政主导型村治存在的最大问题是治理规模与治理能力的不匹配。海子村所隶属金海湖镇共管辖26个行政村，海子村只是其中之一。因此，镇政府根本难以抽调足够工作人员来全职接管海子村的日常事务。此外，镇政府的工作人员存在对村情村貌缺乏了解、人员更替较频繁等问题，也导致工作组难以胜任村庄事务日常管理这一工作。例如，在低保户名额的认定工作上，多名村民认为工作组指定的评价标准过于形式化、表面化，并没有真正了解海子村村民的人员构成，“到底谁家穷、谁家富他们根本不了解”，因此，存在认定不合理的问题。再如，课题组在镇政府调研过程中，关注过海子村种粮补贴等村民补贴的发放问题，但当时参与座谈的工作人员表示，由于前任负责人员工作调动和交接不力，部分补贴发放的明细记录出现了丢失，无法提供。

由此可见，在海子村这样的行政主导型村治生态中，集体事务主要靠上级政府对下级的单方面指挥。这种单轨制政治运行存在的最大问题便是上级的治理能力不足与村民政治表达受阻。一方面，行政单位缺乏对本土实际情况的熟悉，且工作人员不时调动，导致政策制定和工作方式在一定程度上脱离实际，并在一定程度上依赖于指标化管理；另一方面，村民的政治表达受阻，村民大会和村民代表大会制度基本被悬置。村民与镇政府派驻的工作组又无甚联系，熟悉村情的村“两委”成员也没有村务管理的实权。

二、“能人”治理型——黑豆峪村

黑豆峪村是典型的“能人治村”模式。用村民的话来讲，“这个村子富起来是靠他当年开发景区，后来他中途被搞下去后，景区就开始不景气，这几年他再次上位后，景区收入又开始回暖”，“这个村子离了他不行”。在村民看来，村党支部书记兼村委会主任陈某某在村子里是无可争议的“一号人物”。从 20 世纪 90 年代开始，有工农兵大学生身份的陈某某便带领村民开发湖洞水、大溶洞等景区，为村里带来相当可观的收入。在景区开发方面，陈某某展现了普通村民罕见的眼光与魄力。但在 2002 年前后，陈某某逐渐陷入权力寻租的争议中。景区的利润分配问题使陈某某成为众矢之的,对其经济方面的举报接连不断。随后,北京市平谷区公安局对其涉嫌职务侵占展开了调查,并采取了刑事拘留和逮捕措施。之前春风得意的陈某某不得不遭受了人生第一次"滑铁卢"。但自从陈某某"倒台"之后,黑豆峪村的景区缺少了他的经营能力,继任者无法胜任景区发展的重任。这就导致黑豆峪村的景区经济收入直线下滑,并逐渐招致村民的不满。村民开始普遍怀念陈某某,部分迷信的村民甚至拆去了村里一尊佛像的遮阳板,因为其认为陈某某是村里的神佛,遮阳板遮住了他的运势。两年后,平谷区人民检察院最终认定证据不足,对陈某某不予起诉。在这种背景下,"重出江湖"的陈某某在村"两委"的选举中大获全胜,先后当选村党支部书记和村委会主任。在其带领下,黑豆峪村的景区经济也随之重焕生机。

然而,这种"能人治村"模式存在相当大的风险隐患。

一是在"能人治村"模式中,权力往往过于集中于乡村"能人",而缺乏制约和监督。学者曹锦清将这一风险表述为,"当家族势力与村政权相结合一旦以谋逐私利为目的时,理想意义上的'乡贤'变为了利用掌管公共事务权力谋取私利的'村霸'"。[①] 课题组在走访调研中发现,在黑豆峪村,形容陈某某为"村霸"固然有些牵强,但黑豆峪村的确存在陈某某"一言堂"的情况。易言之,陈某某有足够成为"村霸"的资本,而防止其成为"村霸",基本只能寄希望于陈某某的道德自律。此外,在公共事务的处理上,陈某某的"一言堂"导致村集体财务不透明、决策的专断与失误等一系列后果。黑豆峪村景区的运营主体公司中,村集体只占20%股份,这其中的利润分配完全由陈某某掌握,具体情况村民完全

① 曹锦清:《黄河边的中国》,上海文艺出版社2000年版,第123页。

不得而知。此外，陈某某主导建设过多处违章建筑，最后都被区政府责令拆除，给村里造成了上千万元的经济损失。

二是乡村"能人"自身缺乏正式规范的保护，课题组调研之时曾几次约见陈某某。但他只发来一条满腹牢骚的短信，内容大概如下：村干部做点事情很不容易，时刻都面临巨大风险。村干部不冒风险办不成事，但冒风险就容易把自己搭进去。笔者相信，这样的一种抱怨并不是在为自己开脱，而是体现出现行制度下乡村"能人"的"合规困境"：一方面，是在缺乏法治土壤的传统社会，"不冒风险办不成事"；另一方面，是面对法网恢恢的现代法治，"冒风险就容易把自己搭进去"。罗家德教授等学者将这种"合规困境"归因于基层组织的"正式规则"的不足和"人情法则"的广泛存在。[①] 在农村这样一个典型人情社会中，由于缺乏可依靠或者有足够公信力的正式规范，村干部对于资源的分配往往难以摆脱"人情法则"的运用，而这往往走入违法，甚至犯罪。

由上观之，"能人"治理型村治中存在上级机关和基层群众之外的第三方，即乡村"能人"。这类人既足够接本土的"地气"，又有普通群众所不具备的治理能力，以其对乡村的领导能力，处于乡镇和村民之间。虽然乡村"能人"可以弥补第一种模式中行政机构本土化不足的弊病，但仍未形成上下级之间的良性互动。并且，和行政机关相比，乡村"能人"不受行政体制严密的内外监督，容易造成权力的信马由缰。在黑豆峪村，受制于基层自治制度和村集体企业的公司化，乡镇政府难以对陈某某的村务治理进行指导和监督，违规开发等现象也较为严重。黑豆峪村的村民也不得不服从这个权威。在村民口中的陈某某，颇有"顺我者昌，逆我者

---

① 参见罗家德、孙瑜、谢朝霞、和珊珊：《自组织运作过程中的能人现象》，载《中国社会科学》2013 年第 10 期。

亡”的势头。

三、治理失控型——岳各庄村

首先需要澄清的是，将岳各庄村的治理生态归入此类，并不代表该村治理的全面失控。课题组只是观察到村集体事务的部分失控。岳各庄村治理失控的主要原因颇具历史性：岳各庄村至今尚未实行家庭联产承包责任制，仍然停留在“大锅饭”时期。改革开放后，人民公社制度解体，国家权力开始从农村退场，转而构建基层民主自治体制。而民主自治的经济基础便是家庭联产承包责任制——基于经济独立的民主自治。然而，在未实行分田到户的岳各庄村，村民的经济来源仍然来自村集体的“工分”（后改为工资形式）。在这种背景下，岳各庄村的治理失控首先表现为经济失控。一是原有的村集体企业未能适应市场经济的竞争，由于产品落后而相继破产，村集体失去了关键性的经济来源；二是村集体原有的6000亩耕地先后被区政府无偿或低价征收，村集体几乎没有剩余土地可以耕种生产。集体经济的失控首先表现在工资的停发，课题组调研时，岳各庄村已经欠发村民17个月的工资。并且，由于无可靠的经济来源，工资停发的状态仍会长时间持续。此外，岳各庄村的基础设施建设也长期停滞，排水管道老旧，村庄内多处可以闻到臭味。

集体事务的失控还表现在土地征收、村民工龄认定等问题上。前文所提及区政府无偿或低价征收的6000亩耕地便是典型表现。由于没有实行家庭联产承包责任制，岳各庄村土地的使用权仍然归属村集体所有。平谷区政府在进行行政征收时，并不需要经过村民签字同意，而只需要村委会通过。而村委会之所以会同意区政府的无偿或低价征收方案，往往是“区领导直接找到村干部，请其支持区里工作"所致。[①] 对村集体土地征收的治理失控一直持续到现在。2006 年、2009 年、2014 年、2017 年，平谷区政府先后 4 次对岳各庄村进行旧城改造的大规模动员，但往往只停留在入户征求意见阶段，双方在征收标准上一直存在大额分歧。这主要源于岳各庄村民认为区政府对该村的 6000 亩耕地征收有"历史亏欠"，因此在宅基地征收的时候要进行额外补偿。在土地征收之外，岳各庄村部分村民的工龄认定也存在较大争议，先后产生多次较大规模上访，但迟迟得不到解决。

岳各庄村的村务既无乡镇政府的行政主导，也无明显的乡村"能人"治理，而显现出一种失序状态。村民普遍反映村里太多事"没人管"。长此以往，该村村民逐渐产生对政府的"抽象失信"现象：村民对政府普遍不信任，并且，这种不信任持续处于加剧状态，导致政府的棚改等政策根本无法施行。此外，村民的政治表达和利益诉求也长期处于被忽视状态。

第二节　基层治理逻辑的发展沿革

黄宗智教授通过对清代纠纷解决机制的研究，提出"集权的简约治理"这一理论模型，描述了古代中国"以准官员和纠纷解决为主的半正式基层行政"。[②] 在小农经济的古代中国，自给自足的经济基础决定了基层治理的相对封闭性和自治的可能性。在较封闭的基层社会，加之治理技术的限制，皇权治理不可能也没必

---

① 此说法系与区政府工作人员座谈所得，且调研中村民普遍反映村民对集体土地被征收几乎无权过问。

② ［美］黄宗智：《实践与理论：中国社会、经济与法律的历史与现实研究》，法律出版社 2015 年版，第 493 ~ 509 页。

要深入县域以下。生于斯、长于斯的乡绅贤能，一方面，将衙门差人的命令向下执行；另一方面，也通过“一切社会关系：亲戚、同乡、同年等，把压力透到上层，一直可以到皇帝本人”。[①] 费孝通将这一政治形态描述为上通下达的“双轨政治”：一方面，政令通过衙门传给乡绅，进入“由上而下的政治轨道”；另一方面，基层社会的民声民意又可以通过乡绅传入上层。这种稳定互动的政治结构，是我国封建时期2000年基层治理的根本逻辑。任何一条轨道如果阻塞，就会产生权威一体性不稳或政令不合理。这里需要注意的是，乡绅阶层并不是皇权的简单延伸，而是游离在正式官僚体制外，具有相对独立性地位，并且“出任乡村领袖的主要动机目的，是出于提高社会地位、威望、荣耀，并向大众负责的考虑，而并不是为了追求物质利益。”[②]

晚近以来，现代工业催生了国家综合治理能力的飞跃发展，国家权力对基层的渗透开始产生质的变化。“国家试图通过基层政权建设，增加从农村抽取资源的数量。”[③]民国保甲制度的出现使自上而下的单轨政治直接延伸到基层社会。保甲并未走向基层自治，而是成为“执行上级机关命令的行政机构，同时是合法的地方公务的执行者”。与此同时，自下而上的政治轨道被堵塞，基层治理格局陷入“基层行政的僵化”。[④] 传统稳定的基层政治格局被打破，政令与民意之间无法良性互动，政府机构的权力被无限扩大，而基层的自治空间受到压缩。中华人民共和国成立以来，

---

① 费孝通：《乡土重建》，中信出版社2019年版，第64页。

② [美]杜赞奇：《文化、权力与国家——1900－1942年的华北农村》，王福明译，江苏人民出版社1994年版，第5页。

③ 贺雪峰：《试论20世纪中国乡村治理的逻辑》，载[美]黄宗智主编：《中国乡村研究》（第5辑），福建教育出版社2007年版，第157页。

④ 费孝通：《乡土重建》，中信出版社2019年版，第67页。

土地改革、合作化运动基本上彻底转换了农村的社会结构，传统的中间阶层消失，村干部（生产队干部）则基本上代表国家和政府的意志。原来三层的社会结构被简单的两层结构所替代，共产主义的“总体性”体制笼罩了整个中国农村。①

改革开放以来，虽然人民公社解体后，基层自治制度被设计为中国基层社会未来的发展方向。然而，“村民自治制度不是中国农村社会和农民阶层自发生长的秩序，而是执政党和政府自上而下推动的产物，是一种外部强加的制度”。② 国家机构仍然需要广袤的农村社会为城市发展输血，并承担一定的经济发展任务。这种发展压力进一步催生了指标化管理的运作方式。各级机构通过指标分解和责任考核制度，将发展压力推至基层政府。而基层自治制度从制度上阻却了基层政府对基层社会的直接管理，行政管理链条于此处断裂。承担行政责任最终压力的基层政府，与负责基层自治的村干部群体就此形成了利益共同体。“村干部在经济上日益与农民脱钩，不再由村民供养，其经济来源主要是政府下拨的财政转移支付和村级组织通过各种途径所获得的创收。在这种情况下，作为一个自主性的职业群体，村干部在经济上与农民的关系日疏，与政府的关系日近，加上个人的进退上下在实际上由政府说了算，而非村民说了算……所以，无论从制度定位和利益取舍上，村干部的跟从色彩都会愈加明显。”③这一时期的基层治理中，自上而下的政治运行通过基层政府与村干部的代理

---

① 参见周飞舟：《从汲取型政权到“悬浮型”政权——税费改革对国家与农民关系之影响》，载《社会学研究》2006 年第 3 期。

② 陈剩勇：《村民自治何去何从——对中国农村基层民主发展现状的观察和思考》，载《学术界》2009 年第 1 期。

③ 吴毅：《小镇喧嚣：一个乡镇政治运作的演绎与阐释》，三联书店 2007 年版，第 602 页。

协议而展开。国家权力虽然切断了对基层社会的直接控制,但对资源分配的控制却将村干部牢牢锁在利益链条之上。“基层组织体系却出现了严重的‘内卷化’……国家只是从农村中抽取了不多的资源,农民却承担了极大的代价,而基层组织却借国家抽取资源的压力,形成了强固有力的利益共同体。”①

我国基层治理的最后一个阶段是农业税改革至今。2000 多年历史的农业税取消,国家开始通过转移支付反哺农村。周飞舟教授将这一转变称为“税费改革通过取消税费和加强政府间转移支付来实现基层政府财政的公共管理和公共服务职能,力图将国家—农民的‘汲取型’关系转变为一种‘服务型’关系”。② 在笔者看来,原有的“汲取型”关系并没有完全退场,而是转变为一种较间接的“虹吸型”关系:现代化建设仍然需要从农村获取丰厚资源,只不过从原有的强制型税费征收转变为非强制性的人力资源吸引。③ 改革开放以来,城市工业的发展实现了农村税费的免除,但同时也带来了巨大的城乡二元发展差异,农村正快速走向衰败。在这种发展形势下,劳动力的逐利性自然而然导致农民进城打工的趋势。黄宗智教授关于“非正规经济”的研究展现了农村劳动力对中国经济发展所做出的巨大贡献,而农民工却并未得到公平的劳动报酬。④

---

① 贺雪峰:《试论 20 世纪中国乡村治理的逻辑》,载[美]黄宗智主编:《中国乡村研究》(第 5 辑),福建教育出版社 2007 年版,第 157 页。

② 周飞舟:《从汲取型政权到“悬浮型”政权——税费改革对国家与农民关系之影响》,载《社会学研究》2006 年第 3 期。

③ 当然,税费改革后,国家并没有完全取消对农村资源的强制行为。一个典型案例是近几年农村的环保政策。

④ 参见[美]黄宗智:《实践与理论:中国社会、经济与法律的历史与现实研究》,法律出版社 2015 年版,第 408 ~422 页。

第三节　重新发现“自下而上”的政治轨道

费孝通关于“双轨政治”的研究，解释了传统中国基层治理逻辑的稳定原理——乡绅贤能兼具上级政令的传达者与基层人民的代言者的双重身份。这对于解决当下中国基层治理的难题具有源头性的启发意义。从上述基层治理的发展沿革来看，晚近以来的基层治理都或多或少存在对治理对象—基层人民的政治表达与利益诉求的忽视。本章开篇时所描述的三种村治形态，也都体现着这种人民缺位治理逻辑的一脉相承。无论是海子村案例中上级政府对政令的机械执行，还是黑豆峪村案例中乡村“能人”的独断主义，或是岳各庄村的主体缺位，其问题都出现在对社情民意的忽视与脱离，以及自下而上的政治轨道不畅。这种单轨式政治运行模式肇始于传统乡绅贤能的隐退，或曰乡村精英人才的流失。费孝通先生的研究，充分展示了传统乡土中国中人才的“有机循环”以及晚近以来乡村精英“回不去了”的尴尬局面。[①]这种都市越富、乡村越穷的滚雪球式恶性循环，至今仍在上演。

重新发现“自下而上”的政治轨道有两条进路：一是培养基层民众民主自治的公民理性，形成基层民众积极主动行使自治权的良好政治氛围；二是重新发现新时代基层民众的代言人，继传统乡绅之后重新代表基层民众实现政治表达与利益申诉。笔者认为，二者虽然在运行逻辑上并不冲突，但在当下，从可行性和必要性上来看应更重视第二条进路。诚然，让每一个基层民众能够学会“为权利而斗争”是一种值得憧憬的理想状态。但这套根植于

---

① 参见费孝通：《乡土重建》，中信出版社 2019 年版，第 85 ~ 96 页。

西方个人权利本位的斗争哲学却总会一定程度上在中国大地“水土不服”。“现实中的中国农村和农民,民主与法治意识若有若无,共同体意识、契约精神和合作能力普遍不足,重民主而轻法治,重个人权利而轻义务。”①

第四节　可能的解决方案:一个群众路线构想

在当前的基层政治实践中,虽然行政组织切断了和基层社会的直接勾连,乡绅阶层已然隐退,但党组织却广泛扎根基层,并保持了上下一体的一致性。作为当地熟人社会中的一员,基层党组织的成员长期生活在这个社区,常常是“地方性知识”的载体。②党的政治纪律和组织建设又从组织层面上保证了基层党组织能够发挥上通下达的关键作用。最重要的是,从行事逻辑上看,中国共产党有优良的群众路线传统,“党的历史是形成和完善群众路线的历史”。③ 群众路线是中国共产党对于马克思主义理论所作出的重大理论创新,并在长期实践中显示出强大的生命力。群众路线的内容一般被概括为“从群众中来、到群众中去”。这与“双轨政治”存在相同之处。基层治理不仅要使政策指令到群众中去,还要坚持政策指令的民意基础,坚持“从群众中来”,坚持畅通自下而上的政治运行轨道。群众路线“要求国家行为不简单限

---

① 陈剩勇:《村民自治何去何从——对中国农村基层民主发展现状的观察和思考》,载《学术界》2009 年第 1 期。

② 参见苏力:《送法下乡——中国基层司法制度研究》,北京大学出版社 2011 年版,第 34 页。

③ 卫建林:《党的历史是形成和完善群众路线的历史》,载《中国社会科学》2011 年第 4 期。

于由上而下的民生决策和施行，而在于要求广泛的由下而上的参与。……是防范、制约无顾民众意愿的威权政治和错误政策偏向的一个实用的方法，一个能够排除强加于民众的'瞎指挥'的方法”。[①]

党的十九届四中全会审议通过的《中共中央关于坚持和完善中国特色社会主义制度推进国家治理体系和治理能力现代化若干重大问题的决定》指出，要“通过完善制度保证人民在国家治理中的主体地位，着力防范脱离群众的危险。贯彻党的群众路线，完善党员、干部联系群众制度，创新互联网时代群众工作机制，始终做到为了群众、相信群众、依靠群众、引领群众，深入群众、深入基层”。具体来看，基层党组织应当首要关注基层民众的政治表达，包含日常生活中的政治白话和特殊情况下的群体利益表达。前者往往由于语言的粗浅甚至粗俗而被忽略，如老百姓口头的政治谚语。但这种政治白话却最能体现普通民众对政治的认知和意见，“分析政治白话能形成对'白话政治'——即建立在普通人现实的思想和行为基础之上的集体行动的讨论……建立国家整体和社会、群众的生活世界之间多层级、多面向的有机联系。”[②]后者往往由于和谐稳定的考虑被当成严防死守的对象，缺乏理性的沟通对话，如信访、群体性示威等事件。“这些行为举动是政治过程的一部分，既是它的产物同时也是它的推动力量。”[③]

---

① [美]黄宗智：《国家与村社的二元合一治理：华北与江南地区的百年回顾与展望》，载《开放时代》2019 年第 2 期。

② 项飚：《普通人的“国家”理论》，载《开放时代》2010 年第 10 期。

③ 周雪光：《中国国家治理的制度逻辑：一个组织学研究》，生活·读书·新知三联书店 2017 年版，第 415 页。

参考文献

一、著作类

1. 唐奕主编:《基层治理之路:来自基层实践者的中国梦》,中央编译出版社 2019 年版。

2. 周雪光:《中国国家治理的制度逻辑》,生活·读书·新知三联书店 2017 年版。

3. [德]施密特·阿斯曼:《秩序理念下的行政法体系建构》,林明锵等译,北京大学出版社 2012 年版。

4. 翁岳生主编:《行政法》,中国法制出版社 2002 年版。

5. 许崇德:《中华人民共和国宪法史》(下卷),福建人民出版社 2005 年版。

6. [德]埃贝哈德·施密特-阿斯曼等:《德国行政法读本》,于安等译,高等教育出版社 2006 年版。

7. [美]弗朗西斯·福山:《国家构建:21 世纪的国家治理与世界秩序》,郭华译,学林出版社 2017 年版。

8. [日]盐野宏:《行政组织法》(第3版),杨建顺译,北京大学出版社2008年版。

9. [美]弗兰克·古德诺:《秩政治与行政——政府之研究》,丰俊功译,北京大学出版社2012年版。

10. 周雪光:《组织社会学十讲》,社会科学文献出版社2003年版。

11. [英]科林·斯科特:《规制、治理与法律:前沿问题研究》,安永康译,清华大学出版社2018年版。

12. [美]塞缪尔·P.亨廷顿、琼·纳尔逊:《难以抉择——发展中国家的政治参与》,汪晓寿、吴志华、项继权译,华夏出版社1989年版。

13. 张康之:《寻找公共行政的伦理视角》,中国人民大学出版社2012年版。

14. [英]马丁·洛克林著、罗豪才主编:《公法与政治理论》,郑戈译,商务印书馆2013年版。

15. 王锋:《走向服务型政府的行政精神》,商务印书馆2018年版。

16.《江泽民文选》(第3卷),人民出版社2006年版。

17. [英]齐格蒙特·鲍曼:《流动的恐惧》,古蕾等译,江苏人民出版社2012年版。

18. 姜明安主编:《行政法与行政诉讼法》(第7版),北京大学出版社2019年版。

19. 卢福营:《能人政治:私营企业主治村现象研究》,中国社会科学出版社2010年版。

20. 徐勇:《乡村治理与中国政治》,中国社会科学出版社2003年版。

21. 习近平:《习近平谈治国理政》,外文出版社2014年版。

22. 费孝通:《乡土中国　生育制度　乡土重建》,商务印书馆2016年版。

23.《邓小平文选》(第3卷),人民出版社1993年版。

24. 中央文献研究室编:《十七大以来重要文献选编》(上),中央文献出版社2009年版。

25. 金观涛、刘青峰:《兴盛与危机:论中国社会的超稳定结构》,香港中文大学出版社1992年版。

26. 陶东明、陈明明:《当代中国政治参与》,浙江人民出版社1999年版。

27. 徐勇:《利益与体制:民主选举背后的变数分析》,载徐勇:《徐勇自选集》,华中理工大学出版社1999年版。

28. 张厚安、徐勇、项继权等:《中国农村村级治理——22个村的调查与比较》,华中师范大学出版社2000年版。

29. 傅伯言、汤乐毅、陈小青:《中国村官》,南方日报出版社2001年版。

30. 江利红:《日本行政法学基础理论》,知识产权出版社2008年版。

31. 陈新民:《德国公法学基础理论》(下册),山东人民出版社2001年版。

32. [日]原田尚彦著:《诉的利益》,石龙潭译,中国政法大学出版社2014年版。

33. [德]尤尔根·哈贝马斯:《交往行为理论:行为合理性与社会化》,曹卫东译,上海人民出版社2004年版。

34. [德]尤尔根·哈贝马斯:《在事实与规范之间——关于法律和民主法治国的商谈理论》,童世骏译,上海三联书店2003年版。

35. [美]理查德·J.皮尔斯著:《行政法》(第2卷)(第5

版),苏苗罕译,中国人民大学出版社 2015 年版。

36. 高鸿钧:《法范式与合法性:哈贝马斯法现代性理论评析》,载高鸿钧、马剑银主编:《社会理论之法:解读与评析》,清华大学出版社 2006 年版。

37. 王锡锌:《行政程序法理念与制度研究》,中国民主法制出版社 2007 年版。

38. [日]田村悦一:《自由裁量及其界限》,李哲范译,中国政法大学出版社 2016 年版。

39. [德]汉斯 · J. 沃尔夫、奥托 · 巴霍夫、罗尔夫 · 施托贝尔:《行政法》(第 1 卷),高家伟译,商务印书馆 2002 年版。

40. [日]盐野宏:《行政法总论》,杨建顺译,北京大学出版社 2008 年版。

41. [日]宇贺克也:《国家补偿法》,肖军译,中国政法大学出版社 2014 年版。

42. 杜赞奇:《文化、权力与国家——1900—1942 年的华北农村》,王福明译,江苏人民出版社 1996 年版。

43. [美]黄宗智主编:《中国乡村研究》(第 5 辑),福建教育出版社 2007 年版。

44. 吴毅:《小镇喧嚣:一个乡镇政治运作的演绎与阐释》,三联书店 2007 年版。

45. 苏力:《送法下乡——中国基层司法制度研究》,北京大学出版社 2011 年版。

46. 费孝通:《乡土重建》,中信出版社 2019 年版。

47. 孙立平:《博弈:断裂社会的利益冲突与和谐》,社会科学文献出版社 2006 年版。

48. 曹锦清:《黄河边的中国》,上海文艺出版社 2000 年版。

49. [美]黄宗智:《实践与理论:中国社会、经济与法律的历史与现实研究》,法律出版社 2015 年版。

50. 姜明安主编:《行政法论丛》(第 14 卷),法律出版社 2011 年版。

二、期刊、报纸类

1. 姜明安、沈岿:《法治原则与公共行政组织——论加强和完善我国行政组织法的意义和途径》,载《行政法学研究》1998 年第 4 期。

2. 张翔:《我国国家权力配置原则的功能主义解释》,载《中外法学》2018 年第 2 期。

3. 王旭:《作为国家机构原则的民主集中制》,载《中国社会科学》2019 年第 8 期。

4. 谢新水:《从服务型政府到人民满意的服务型政府:一个话语路径的分析》,载《探索》2018 年第 2 期。

5. 贾圣真:《行政任务视角下的行政组织法学理革新》,载《浙江学刊》2019 年第 1 期。

6. 周振超:《条块关系:政府间关系的一种分析视角》,载《齐鲁学刊》2006 年第 3 期。

7. 马力宏:《论政府管理中的条块关系》,载《政治学研究》1998 年第 4 期。

8. 习近平:《在庆祝中国人民政治协商会议成立 65 周年大会上的讲话》,载《人民日报》2014 年 9 月 22 日,第 2 版。

9.《新时代群众工作有了"北京样本"》,载《人民日报》2019 年 12 月 24 日,第 1 版。

10. 王旭:《公民参与行政的风险及法律规制》,载《中国社会科学》2016 年第 6 期。

11. 王旭:《论国家在宪法上的风险预防义务》,载《法商研究》

2019 年第 5 期。

12. 孙粤文:《大数据:风险社会公共安全治理的新思维与新技术》,载《求实》2016 年第 12 期。

13. 董磊明:《变与不变:中华三千年社会结构的政治社会学解读》,载《江苏行政学院学报》2007 年第 3 期。

14. 肖唐镖:《什么人在当村干部?——对村干部社会政治资本的初步分析》,载《管理世界》2006 年第 9 期。

15. 卢福营:《经济能人治村:中国乡村政治的新模式》,载《学术月刊》2011 年第 10 期。

16. 陈寒非:《能人治村及其法律规制——以东中西部地区 9 位乡村能人为样本的分析》,载《河北法学》2018 年第 4 期。

17. 张登国、任慧颖:《当代中国乡村精英治理:局限与可能》,载《理论学刊》2008 年第 7 期。

18.《全面建设小康社会　开创中国特色社会主义新局面——江泽民在中国共产党第十六次全国代表大会上的报告》,载《求是》2002 年第 22 期。

19.《习近平在中共中央政治局第三十七次集体学习时强调坚持依法治国和以德治国相结合推进国家治理体系和治理能力现代化》,载《人民日报》2016 年 12 月 11 日,第 1 版。

20. 王旭:《论全面推进依法治国的几个基本关系》,载《中国高校社会科学》2018 年第 2 期。

21. 郁建兴:《法治与德治衡论》,载《哲学研究》2001 年第 4 期。

22. 孙莉:《德治与法治的正当性分析——兼及中国与东亚法文化传统之检省》,载《中国社会科学》2002 年第 6 期。

23. 邓大才:《走向善治之路:自治、法治与德治的选择与组合》,载《社会科学研究》2018 年第 4 期。

24. 白益华:《亲历村民委员会组织法制定》(上),载《中国人大》2004 年第 4 期。

25. 白钢:《中国村民自治法制建设平议》,载《中国社会科学》1998 年第 3 期。

26. 孙昕、徐志刚、陶然、苏福兵:《政治信任、社会资本和村民选举参与——基于全国代表性样本调查的实证分析》,载《社会学研究》2007 年第 4 期。

27. 裘斌、卢福营:《论能人治理下普通村民公共参与的非均衡性》,载《天津社会科学》2011 年第 3 期。

28. 赵晓峰、林辉煌:《富人治村的社会吸纳机制及其政治排斥功能——对浙东先锋村青年农民精英治村实践的考察》,载《中共宁波市委党校学报》2010 年第 4 期。

29. 贺雪峰:《论半熟人社会——理解村委会选举的一个视角》,载《政治学研究》2000 年第 3 期。

30. 邓睿:《经济能人治村情景下普通村民政治参与边缘化——一种类差序格局的分析视角》,载《成都理工大学学报》(社会科学版)2014 年第 5 期。

31. 广新力、张日新:《"能人治村"与村民自治组织治理》,载《南方农村》2004 年第 6 期。

32. 刘美萍:《农村经济精英政治参与存在的问题及化解策略》,载《山西农业大学学报》(社会科学版)2011 年第 5 期。

33. 贺雪峰:《论民主化村级治理的村庄基础》,载《社会学研究》2002 年第 2 期。

34. 贺雪峰、仝志辉:《论村庄社会关联——兼论村庄秩序的社会基础》,载《中国社会科学》2002 年第 3 期。

35. 罗家德、孙瑜、谢朝霞、和珊珊:《自组织运作过程中的能人现象》,载《中国社会科学》2013 年第 10 期。

36. 郭剑鸣:《浙江“富人治村”现象剖析——基于浙江金台温三市 7 个村的调查研究》,载《理论与改革》2010 年第 5 期。

37. 高丙中:《社团合作与中国公民社会的有机团结》,载《中国社会科学》2006 年第 3 期。

38. 唐建兵:《全面依法治国视阈下的农村基层依法治理》,载《石家庄学院学报》2019 年第 1 期。

39. 耿宝建、殷勤:《集体土地征收与补偿过程中可诉行政行为的判定与审查——兼谈〈土地管理法〉修改建议》,载《法律适用》2019 年第 1 期。

40. 杨建顺:《论土地征收的正当程序》,载《浙江社会科学》2019 年第 10 期。

41. 彭錞:《中国集体土地征收决策机制:现状、由来与前景》,载《华东政法大学学报》2017 年第 1 期。

42. 刘国乾:《土地征收审批的正当程序改革》,载《法学研究》2012 年第 4 期。

43. 章剑生:《行政征收程序论——以集体土地征收为例》,载《东方法学》2009 年第 2 期。

44. 倪锦丽:《农村集体土地征收问题浅析》,载《吉林工程技术师范学院学报》2018 年第 11 期。

45. 李洋:《征地拆迁工作遇到的困难与应对策略》,载《居舍》2018 年第 22 期。

46. 顾大松:《行政审判视角下的土地征收补偿制度改革》,载《山东社会科学》2019 年第 8 期。

47. 周雪光:《权威体制与有效治理:当代中国国家治理的制度逻辑》,载《开放时代》2011 年第 10 期。

48. 杨华:《农村征地拆迁中的阶层冲突——以荆门市城郊农村土地纠纷为例》,载《中州学刊》2013 年第 2 期。

49. 蔡洪岩、赵庆大、李志华:《集体土地征收过程中存在问题探微》,载《国土资源》2019 年第 6 期。

50. 付云娇:《国家治理模式下乡村征地拆迁非正式行为的发生逻辑——影响乡村社会秩序稳定的分析思路》,载《中国乡村企业会计》2019 年第 2 期。

51. 杜学文、高军:《引入商谈模式解决群体性事件——香港拆迁紫田村事件和平解决的启示》,载《福建论坛》2011 年第 4 期。

52. 乔仕彤、毛文峥:《行政征收的司法控制之道:基于各高级法院裁判文书的分析》,载《清华法学》2018 年第 4 期。

53. 陈迎江:《集体土地征收补偿行为之合法性审查》,载《法律适用》2019 年第 7 期。

54. 刘连泰、余文清:《公平市场价值在集体土地征收补偿中的适用》,载《浙江社会科学》2019 年第 10 期。

55. 江必新:《修改〈土地管理法〉应当处理好的几对关系》,载《法律适用》2019 年第 7 期。

56. 朱维究、胡卫列:《行政行为过程性论纲》,载《中国法学》1998 年第 4 期。

57. 江利红:《行政过程论在中国行政法学中的导入及其课题》,载《政治与法律》2014 年第 2 期。

58. 中共民政部党组:《党的十八大以来中国特色基层民主建设的显著成就》,载《求是》2017 年第 11 期。

59. 陈金玉:《"四个覆盖"与村民自治》,载《河北省社会主义学院学报》2013 年第 2 期。

60. 贾锡萍、涂明君、乔贵平:《从"能人治村"走向"依法治村"——基于天津市村两委干部法律素养问题的调查》,载《天津行政学院学报》2016 年第 5 期。

61. 崔智友:《中国村民自治的法学思考》,载《中国社会科学》2001 年第 3 期。

62. 周键城:《村民自治视阈下民主选举与协商路径探析》,载《农村经济与科技》2017 年第 13 期。

63. 任中平、李睿:《论政治合法性与法律合法性的关系及其调适》,载《政治与法律》2007 年第 6 期。

64. 梁文壮、武铁虎:《对加强农村“两委”班子建设的思考》,载《前进》2014 年第 8 期。

65. 骆苗、祝军:《村民自治中的贿选问题研究——基于制度分析的视角》,载《中国青年政治学院学报》2012 年第 5 期。

66. 孙忠辉:《构建党内基层民主建设的动力机制》,载《党政论坛》2010 年第 3 期。

67. 周建伟、陈冬生:《村委会贿选的经济动因与对策》,载《中国市场》2005 年第 19 期。

68. 李伟书、杨中杰:《加强农村基层民主建设需突出“四个创新”》,载《前线》2010 年第 4 期。

69. 陈俊傲、顾美萍:《社会领域党服务群众的路径创新——基于上海市金山区张堰镇区域化党建的实践》,载《上海党史与党建》2016 年第 4 期。

70. 李燕:《当前我国农村基层民主监督存在的问题及对策分析》,载《法制博览》2018 年第 25 期。

71. 陈剩勇:《村民自治何去何从——对中国农村基层民主发展现状的观察和思考》,载《学术界》2009 年第 1 期。

72. 周飞舟:《从汲取型政权到“悬浮型”政权——税费改革对国家与农民关系之影响》,载《社会学研究》2006 年第 3 期。

73. 项飚:《普通人的“国家”理论》,载《开放时代》2010 年第 10 期。

74. 卫建林:《党的历史是形成和完善群众路线的历史》,载《中国社会科学》2011 年第 4 期。

75. [美]黄宗智:《国家与村社的二元合一治理:华北与江南地区的百年回顾与展望》,载《开放时代》2019 年第 2 期。

三、硕博论文类

1. 肖应明:《中国少数民族地区创新社会治理研究》,陕西师范大学 2015 年博士学位论文。

2. 卢福营:《个私业主主政的村庄治理——以浙江永康市为例》,华中师范大学 2006 年博士学位论文。

3. 张跃来:《庄河市能人治村问题与对策研究》,大连理工大学 2014 年硕士学位论文。

4. 李晓敏:《中国能人治村的法治化研究——基于 S 省 A 村的分析》,华东政法大学 2017 年硕士学位论文。

5. 陈钢:《地方政府如何破解征地拆迁难题》. 吉林大学 2012 年硕士学位论文。

四、法律文件类

1.《中共中央关于坚持和完善中国特色社会主义制度推进国家治理体系和治理能力现代化若干重大问题的决定》,2019 年 10 月 31 日中国共产党第十九届中央委员会第四次全体会议通过。

2.《中共中央关于全面推进依法治国若干重大问题的决定》,2014 年 10 月 23 日中国共产党第十八届中央委员会第四次全体会议审议通过。

3.《高举中国特色社会主义伟大旗帜,为夺取全面建设小康社会新胜利而奋斗》,2007 年 10 月 15 日中国共产党第十七次全国代表大会通过。

4.《坚定不移沿着中国特色社会主义道路前进为全面建成小康社会而奋斗》,2012 年 11 月 8 日中国共产党第十八次全国代表大会通过。

5.《决胜全面建成小康社会夺取新时代中国特色社会主义伟大胜利》,2017 年 10 月 18 日中国共产党第十九次全国代表大会通过。

6.《中共中央办公厅　国务院办公厅关于在农村普遍实行村务公开和民主管理制度的通知》,中办发〔1998〕9 号。

7.《中共中央国务院关于推进社会主义新农村建设的若干意见》,中发〔2006〕1 号。

8.《中共中央办公厅　国务院办公厅关于健全和完善村务公开和民主监督制度的意见》,中办发〔2004〕17 号。

9.《关于加强和改进村民委员会选举工作的通知》,中办发〔2009〕20 号。

10.《中共中央组织部关于加强村党支部书记队伍建设的意见》,中组发〔2009〕7 号。

11.《民政部关于做好村务公开目录编制工作的指导意见》,民发〔2007〕136 号。

12.《北京市实施〈中华人民共和国村民委员会组织法〉的若干规定》,北京市第十三届人民代表大会常务委员会第三十五次会议修订。

13.《中共中央国务院关于实施乡村振兴战略的意见》,中发〔2018〕1 号。

14.《民政部、中央组织部、中央政法委、中央文明办、司法部、农业农村部、全国妇联关于做好村规民约和居民公约工作的指导意见》,民发〔2018〕144 号。

15.《朱如云、李阿仙诉浙江省绍兴市越城区人民政府不履行拆迁安置法定职责案》,最高人民法院(2019)行再199号判决书。

16.《民政部关于进一步建立健全村务公开制度深化农村村民自治工作的通知》,民基发〔1997〕23号。

五、网络文献类

1.《金海湖20年来首达地表二类水体标准》,载人民网:http://bj.people.com.cn/n2/2018/0828/c82840-31983242.html,2019年12月15日最后访问。

2.《打通基层治理"最后一公里":北京市实施"街乡吹哨、部门报到"改革纪实》,载人民网:http://dangjian.people.com.cn/n1/2018/1210/c117092-30453649.html,2019年12月15日最后访问。

3.《乡镇吹哨,部门报到》,https://wenku.baidu.com/view/c695b114dcccda38376baf1ffc4ffe473268fd7a.html,2019年12月22日最后访问。

4.《街乡吹哨,部门报到——北京市推进党建引领基层治理体制机制创新纪实》,载人民网:http://dangjian.people.com.cn/n1/2018/1210/c117092-30453404.html,2019年11月26日最后访问。

5.《蔡奇:以"吹哨报到""接诉即办"为抓手在服务群众中践行初心使命》,载人民网:http://bj.people.com.cn/n2/2019/0702/c82844-33099958.html,2019年11月26日最后访问。

6.《关于建立健全村务监督委员会的指导意见》,载中国政府网:http://www.gov.cn/zhengce/2017-12/04/content_5244406.htm,2019年12月20日最后访问。

7.《习近平:民主重点在基层群众中展开协商》,载中国政协网:http://www.china.com.cn/cppcc/2014-09/22/content_33

576755. htm,2019 年 12 月 28 日最后访问。

8.《中共中央关于加强社会主义协商民主建设的意见》,载央广网: http://news. cnr. cn/native/gd/20150209/t20150209_517699787. shtml,2019 年 12 月 28 日最后访问。

9.《借鉴:香港为何没有血腥拆迁"》,载温州网:http://news. 66wz. com/system/2010/09/14/102061865. shtml,2019 年 12 月 17 日最后访问。

10. 柴燕菲、汪恩民:《郁建兴论"三治":政社关系的"哥白尼式"革命》,载中国新闻网:http://www. chinanews. com/df/2016/06 – 19/7909561. shtml,2019 年 12 月 20 日最后访问。

11.《习近平:中国的民主是一种全过程的民主》,载中国政府网:http://www. gov. cn/xinwen/2019 – 11/03/content_5448083. htm,2019 年 12 月 17 日最后访问。

12.《国务院关于农村土地征收、集体经营性建设用地入市、宅基地制度改革试点情况的总结报告》,载中国人大网:http://www. npc. gov. cn/npc/c12491/201812/3821c5a89c4a4a9d8cd10e8e2653bdde. shtml,2019 年 12 月 15 日最后访问。

13. 习近平:《民主重点在基层群众中展开协商》,载中国政协网: http://www. china. com. cn/cppcc/2014 – 09/22/content_33576755. htm,2019 年 12 月 28 日最后访问。

后　记

本书的缘起自北京市平谷区人民政府委托我的一项课题，全面梳理区人民政府基层治理的几个重要改革并评估其在法律上的妥当性。首先，我们要感谢北京市司法局张国强副局长的引介和平谷区人民政府的信任。

平谷区司法局张玉娟局长在对我作课题委托说明时，提出区长汪明浩同志希望课题组能真正进村入户，“蹲守观察”一段时间，以《黄河边上的中国》这样的深度调研报告来呈现平谷区基层治理的经验，并客观评价其效应，尤其是对其中的法律问题进行总结、归纳和展望。这与我之前承担过的绝大多数国家、地方各级党政机关委托课题的要求都不同，当时我便觉得研究这项课题是一次难得的“绝知此事要躬行”的体验之旅，也是对抽象阅读和分析法律之后的一次难得的知识解放，也注定不是某种法律教义学的研究，而这种研究在学术界大行其道，也弊病丛生。后来与汪区长接触多次，发现他果然是一位非常务实又极有理论修养的领导，有非常好的理论直觉，又坚信研究学问和实践都应该“进行在祖国大地上”。我素来觉得，在中国，真正有家国情怀的人，应该既能写秋水文章，又能身体力行，把书读好，把事做成。这种人才是国家与民族的希望。可惜，书还没有出版，汪明浩区长就在2020年年初因病去世，令人扼腕。这本书的出版也是对一位能想问题、能做事，有传统中国士人风范的地方治理者的缅怀与感念。

在调研和写作过程中，本书的各位作者都付出了艰辛的努力，他们大部分人两个月的暑假都吃住在平谷区的多个村庄中，每天感受扑面而来的经验刺激，在写作过程中，我们集体讨论确定了写作大纲与整体思路，各位作者撰写了相关章节。我相信这次知行合一的体验对他们是一次有意义的学术训练与成长经历。全书初稿出来后，我专门召开了一次内部评审会，针对学术规范和基本观点，邀请中国政法大学法治政府研究院教授、《行政法学研究》副主编王青斌老师和中国社科院国际法所副研究员、《环球法律评论》编辑田夫老师及本书责任编辑单洁女士进行现场逐章指导和点评，严格按照学术标准进行审查，以求达到出版水平，对三位老师的辛苦付出一并表示感谢。

同时，我们也要感谢中共北京市委副秘书长张铁军同志，北京市司法局副局长张国强同志，北京市平谷区人民政府副区长过勇同志，平谷区司法局张玉娟局长、贾志全副局长，法律出版社法治与经济分社沈小英社长在课题调研、文章撰写和书稿出版过程中的关心，他们都以自己的方式为这本小书贡献了心力。

书既已成，作为主编，一个想法又油然而生，通过法律的国家治理是现代中国的必由之路，然而，问题的复杂就在于，法律是一种规范性主张，但这个世界规范性的来源却并非只有一端，依英国当代最重要的分析哲学家帕菲特的说法，人类有五种规范性的

来源：基于规则的规范性，如法律的主张；此外，还有基于理由的规范性，每个人都有主张并证成自己道德理由的权利，这本身是一项道德理由；基于动机的规范性，每个人也都是策略行动者，基于各种动机与他人的生命交逢；基于态度的规范性，我们都在为自己设定世界观，在川流不息的经验世界里积累起对各种人和事的态度，它们也未必可以通约；基于命令的规范性，也不要忘了"自然状态"与"丛林规则"从来还是这个现实世界的本真图像，命令者总是会采取规范性的姿态来证成命令自身。① 从而，国家治理某种意义上说就是一项**"竞争规范性来源的事业"**，面对这个不确定的世界以及眼下正在发生的疫情，思索和追求法律如何能在这场事业中艰难胜出，恐怕是法律人永恒的宿命，前路并不平坦。唯愿国家治理经此"大考"，"沉舟侧畔千帆过，病树前头万木春"，通过法律而海晏河清。

王旭

2020年2月

---

① See D. Parfit, *On What Matters*, Oxford 2011, pp. 267 – 268.